Oola

TROUVER L'ÉQUILIBRE
DANS UN MONDE DÉSÉQUILIBRÉ

DAVE BRAUN • TROY AMDAHL

BEST-SELLER INTERNATIONAL

Oola

TROUVER L'ÉQUILIBRE DANS UN MONDE DÉSÉQUILIBRÉ

LES SEPT FACETTES *où vous devez PROGRESSER et TROUVER UN ÉQUILIBRE pour VIVRE la VIE DE VOS RÊVES*

Traduit par Miville Boudreault

BÉLIVEAU
éditeur

L'édition originale de ce livre a été publiée sous le titre
OOLA FIND BALANCE
In an Unbalanced World

Health Communications, Deerfield Beach, FL (É.-U.)
978-07573-1997-6

Réalisation de la couverture : Jean-François Szakacs

Dépôt légal : 1er trimestre 2019
Bibliothèque et Archives nationales du Québec
Bibliothèque et Archives Canada

ISBN : 978-2-89793-029-5
ISBN Epub : 978-2-89793-030-1

BÉLIVEAU éditeur
567, rue de Bienville
Boucherville (Québec) Canada J4B 2Z5
450 679-1933

www.beliveauediteur.com
admin@beliveauediteur.com

Gouvernement du Québec – Programme de crédit d'impôt pour l'édition de livres – Gestion SODEC – *www.sodec.gouv.qc.ca.*

Nous reconnaissons l'appui financier du gouvernement du Canada.

IMPRIMÉ AU CANADA

Ce livre est le produit de chaque défi
et de chaque blessure cachée dans ma vie.
Je le dédie à Ashelyn, Tamaryn,
Tiandra, Brynnae et Zaren.
Je vous aime davantage que la poussière,
encore et toujours.

– DAVE BRAUN

Merci à Dieu.
Ce livre est dédié à Kris, Max,
Joelle, Bennett et Alea.
Je suis béni.

– TROY AMDAHL

TABLE DES MATIÈRES

Section Deux
LES 7 F D'OOLA

Tout ce que vous DEVEZ équilibrer
et faire progresser pour vivre
la vie de vos rêves… L'OolaVie.

Section Trois
LES OOLABLOQUANTS

Apprenez à surmonter les 7 traits clés
qui vous empêchent d'accéder
à la vie de vos rêves.

Section Quatre
LES OOLASTIMULANTS

Vous souhaitez réaliser vos rêves plus rapidement?
Intégrez ces 7 OolaStimulants dans votre vie
et démarrez votre quête.

Section Cinq
LES TROIS ÉTAPES VERS L'OOLAVIE

Votre plan d'action quotidien
pour vivre la vie de vos rêves.

AVANT-PROPOS

UN MINIBUS. DEUX GARS. DES MILLIERS DE KILOMÈTRES. UN MILLION DE RÊVES.

La couverture de ce livre met en vedette notre minibus VW 1970, surnommé le *Surf Bus*. Vous pourriez vous dire *Hum, intéressant, mais pourquoi un Surf Bus et pourquoi une peinture de carrosserie si originale ?* Même si cela a toutes les apparences d'éclaboussures de peinture, regardez de plus près. Il s'agit en fait d'autocollants sur lesquels ont été écrits les rêves individuels des dizaines de milliers de personnes que nous avons rencontrées pendant notre périple. Notre objectif est de changer le monde avec un mot (Oola), un autocollant à la fois. Ce sont des gens comme vous qui ont accepté de prendre un moment pour se mettre en retrait de ce monde en folie, écrire ce qu'ils attendent de la vie sur un autocollant avec un crayon à l'encre indélébile, puis coller le tout sur le côté de notre VW. Avec ce geste tout simple, ils se sont mis en mouvement pour faire de leurs rêves une réalité.

Dans ce livre, vous en apprendrez davantage sur cette approche révolutionnaire en plein essor. La perspective de vous assister dans ce cheminement nous enthousiasme au plus haut point, et nous vous invitons à partager vos objectifs et vos rêves. Après avoir lu ce livre, ces objectifs et ces rêves seront mieux définis, et les gestes à poser pour les atteindre seront plus évidents.

Vos rêves sont importants et nous pensons que c'est grâce à eux s'il devient possible de changer le monde avec un mot : **Oola**. Si vous vous engagez envers des changements positifs et que vous agissez en ce sens, vous inspirerez tout naturellement les personnes qui vous entourent. Devenir une meilleure personne, c'est rendre meilleurs sa famille, sa collectivité et, ultimement, le monde.

Nous sommes heureux de vous accompagner dans cette aventure. Vous êtes plus doué que vous ne le croyez. Et vos rêves n'attendent que vous les réclamiez. Maintenant, commencez votre lecture et amorcez votre quête vers votre vie Oola.

INTRODUCTION

L'APPEL

Difficile de croire qu'il y a trois ans à peine, je faisais L'Appel. Je vois encore l'image dans ma tête aussi clairement aujourd'hui qu'alors.

Cette nuit-là, étendu sur le lit inconfortable de ma chambre de motel bon marché, j'étais profondément endormi. Je n'étais pas en vacances – c'était mon chez-moi. Je n'avais pas pris la chambre pour une nuit. Je la louais au mois.

Le bruit avait été aussi soudain qu'assourdissant, comme si quelqu'un essayait d'entrer dans ma chambre par effraction. Du coup, j'ai bondi hors du lit pour voir ce qui se passait. Par la fenêtre, j'ai aperçu des policiers en train d'enfoncer la porte de la chambre voisine avec un bélier.

Un moment à la fois surréel et profondément humiliant. *Comment en suis-je arrivé là ?* Il y avait quelques années à peine, j'étais au sommet. J'étais un homme marié, père de cinq magnifiques enfants. Je poursuivais une carrière fructueuse, ma valeur nette excédait deux millions de dollars et je possédais une magnifique demeure de plus d'un million de dollars construite au pied des montagnes.

Que s'était-il passé ? Comment en étais-je arrivé à vivre dans un motel miteux où la plupart des clients louaient leur chambre à l'heure ?

J'ai compris alors que je devais demander de l'aide. J'ai passé en revue toutes les personnes avec qui j'avais entretenu des liens dans le passé dans l'espoir de trouver la bonne ressource. J'étais dans l'embarras et je n'avais pas besoin d'être jugé ; j'avais plutôt besoin d'être guidé dans la bonne direction. Il faut dire que même lorsque tout espoir semblait perdu, j'avais toujours entretenu l'idée « que tout irait bien ». Au plus profond de moi, je savais qu'il me fallait redevenir la personne que j'avais été.

J'ai repensé à un stage de formation que j'avais fait quinze années auparavant et à un type que j'avais rencontré alors. Il est probable que vous connaissez quelqu'un du même genre. Je me rappelle qu'un de nos amis communs lui avait lancé un fer à cheval en or de la grosseur d'une pièce de cinquante sous et lui avait dit de se le mettre dans le derrière pour le faire fructifier. C'était ce genre de personne : un veinard à qui tout réussit.

Tout ce qu'il touchait semblait se transformer en or. On ne pouvait parler uniquement de chance, c'est du moins ce que je pensais. Après l'avoir côtoyé pendant mon stage et au fil de nos discussions, j'ai compris que ce n'était pas le fruit du hasard. Cet homme trimait dur pour maintenir un équilibre dans sa vie. Il faisait un effort conscient pour progresser dans toutes les facettes importantes de sa vie. Ce souvenir m'a montré la voie à suivre, la poursuite d'Oola. Je savais à qui je devais passer un coup de fil.

Je suis sorti de ma chambre pour jeter un coup d'œil à travers la porte défoncée à coups de bélier de la chambre voisine. Je me rappelle avoir pensé que je me sentais un peu comme cette porte. J'ai marché au rythme des gyrophares des voitures de police qui illuminaient les bâtiments voisins, puis je me suis retrouvé dans une ruelle protégée du vent. Il faisait froid, mais je ne le sentais pas. Je me sentais à la fois humble, humilié et étrangement optimiste.

☛ ***Tout ce que je me rappelle avoir pensé alors, c'est : comment en suis-je arrivé là ?***

Le téléphone dans la main, j'espérais trouver le courage de faire cet appel. Je savais que c'était le coup de fil que je devais faire. C'est dans cet état de vulnérabilité que j'ai appelé l'OolaGourou.

L'OolaGourou

Cet appel fut exactement l'appel que je devais faire au moment où je devais le faire. Cela faisait un bout de temps que je n'avais pas parlé au OolaGourou. Des kilomètres et des mois nous séparaient, et cet appel révélait à quel point nos routes s'étaient écartées. Il y avait eu une époque où nos esprits ne faisaient qu'un. Nous partagions les mêmes rêves, les mêmes objectifs et les mêmes aspirations. Toutefois, alors que ma vie était partie en vrille, tout semblait avoir réussi pour l'OolaGourou

L'OolaGourou est un gars très réservé. Il est loin d'être timide, mais c'est plutôt un besoin de discrétion fondé sur l'humilité. Il écoute plus qu'il ne parle, et disons qu'il possède ce que la plupart des gens souhaitent avoir. Il avait toujours été celui vers qui les autres se tournaient lorsqu'il fallait « monter son niveau de jeu d'un cran », peu importe le domaine dans la vie.

À l'âge de quarante ans, il ne traînait aucune dette. Il était marié à la même femme (qu'il connaissait depuis la maternelle) depuis plus de vingt-sept années. Il avait pris sa retraite à quarante-deux ans et, depuis, il faisait uniquement ce qui lui plaisait, au moment où cela lui plaisait.

Je me rappelle qu'à l'époque, il ne pouvait pas courir un seul kilomètre. Après s'être fixé cet objectif, il a couru plusieurs marathons et a même terminé un Ironman. C'est un homme qui passe énormément de temps avec ses enfants et qui vit conformément à ses valeurs.

Sa passion personnelle est le voyage, et il a visité à ce jour plus de cinquante pays. Cela semble trop beau pour être vrai, mais n'oubliez pas qu'il s'agit du OolaGourou.

Lorsque je l'ai appelé, il était dans ses quartiers d'hiver en Arizona. J'ai surtout parlé et il a surtout écouté. J'avais besoin de parler et il m'offrait une oreille attentive. Après avoir déversé sur lui mes problèmes pendant une heure, je me rappelle qu'il m'a dit : « On dirait que tu as atteint le fond. La bonne nouvelle, c'est que tu ne peux que remonter ! » Il a ajouté que ma situation à ce moment précis n'était pas autre chose que ma situation… et non la personne que j'étais. Que j'étais appelé à accomplir de grandes choses.

Il m'a ensuite raconté une histoire sur la façon dont les automobiles sont conçues de manière à voir autant devant que derrière. Alors que le rétroviseur est de petite taille mais adéquat, le pare-brise avant est de grande dimension et bien dégagé. Il est conçu pour que vous puissiez facilement voir ce qu'il y a devant. Puis il m'a expliqué à quel point la vue vers l'avant et celle vers l'arrière diffèrent l'une de l'autre. Vous avez besoin de regarder derrière, mais seulement brièvement, de temps à autre. Votre énergie et votre capacité de concentration doivent servir principalement à regarder le pare-brise devant.

J'ai compris que ma vie va dans le même sens. J'ai besoin de jeter un regard sur mon passé, mais seulement brièvement et occasionnellement, et seulement pour en tirer des leçons. Le plus clair de mon temps doit être consacré à regarder vers l'avant et à planifier là où je vais.

L'OBJECTIF

L'objectif de ce livre est clair. Nous voulons vous servir de guides vers une OolaVie. Nous voulons vous montrer à quoi Oola ressemble et ce qu'on ressent une fois qu'on y est.

Nous définirons ce qu'est Oola et nous vous proposerons des anecdotes en lien avec les différents chemins qui y donnent accès. Les 7 F d'Oola sont au cœur de ce livre. Nous définirons clairement les sept facettes de la vie qui requièrent équilibre et progression.

Nous identifierons les sept obstacles qui peuvent se mettre en travers de la vie que vous désirez, et nous vous présenterons les sept accélérateurs qui vous mèneront plus rapidement vers une OolaVie. Nous conclurons ce livre avec les trois étapes simples vers l'OolaVie.

Nous vous proposerons deux perspectives différentes afin de vous guider, de vous divertir et de vous inspirer dans votre cheminement. La première perspective est celle du OolaChercheur qui a déjà eu Oola, qui l'a perdu et qui est maintenant engagé à retrouver son Oola.

La seconde perspective est celle du OolaGourou qui est déjà engagé dans l'OolaVie.

Avec ce partage de témoignages, d'informations et d'expériences vécues, nous espérons vous donner le goût de mener une vie équilibrée et enrichissante. Une OolaVie digne de vos efforts et de votre engagement. Nous vous prions de nous croire sur parole : peu importe où vous en êtes présentement dans votre vie et ce que vous voyez dans le rétroviseur, vous méritez mieux… vous méritez Oola. Toutes nos félicitations pour cette noble entreprise.

SECTION UN

UNE PRÉSENTATION D'OOLA

Peu importe ce que vous avez fait ou omis de faire, vous méritez l'OolaVie.

— @OOLACHERCHEUR

Oola est tout simplement une vie où règne un équilibre et qui progresse dans les 7 Facettes clés de la santé et du mieux-être. Il peut s'agir d'un nom ou d'un verbe. D'une destination ou d'une impression. Oola peut être aussi complexe qu'une vie équilibrée et en progression sur le plan de la forme physique, des finances personnelles, de la famille, du travail, des valeurs, des amis et du plaisir (les 7 F d'Oola), ou aussi simple qu'un coucher de soleil, un livre sur la plage ou un moment spécial passé en compagnie d'un enfant. C'est cet endroit où nous désirons tous nous retrouver un jour. C'est aussi ce que nous ressentons lorsque nous pensons aux bons coups qui nous ont permis d'y arriver. En fait, rien n'est plus génial qu'Oola.

Dans cette section, nous examinerons un peu plus en détail le concept d'Oola. Pour vous aider à mieux comprendre Oola, nous vous montrerons, à l'aide de nos propres exemples, en quoi consiste une vie Oola, puis nous comparerons cette vie à une vie sans Oola.

Nous vous expliquerons comment deux jeunes hommes, presque identiques quant à leurs croyances, leurs passions, leurs objectifs et leurs rêves à une période précise de leur vie, se sont rencontrés des années plus tard et ont constaté que leurs évolutions respectives avaient pris une tournure complètement différente. Cet écart a permis de confirmer l'importance d'évaluer constamment où vous vous situez par rapport à vos objectifs, de préparer un plan et de suivre un itinéraire.

Chapitre 1

Oola, c'est quoi ?

☛ ***La vie, c'est comme faire de la bicyclette : pour rester en équilibre, il faut avancer.***

— ALBERT EINSTEIN

Oo.la/adj./**1 a:** dérivé du français *oh la la !* **b.** un état de génialitude; **c.** une vie équilibrée et en progression dans les facettes clés que sont la santé, les finances, la carrière, les relations interpersonnelles et le mieux-être; **d.** une destination (comme dans *aller à Oola*); **2 a:** description des actions, des connaissances et des objectifs qui mènent à une vie équilibrée (ex. : *ça, c'est tout à fait Oola*); **3 a:** le plan ultime pour atteindre l'équilibre dans un monde déséquilibré.

Lorsque votre vie devient Oola, vous arrivez dans cette zone où tout semble aller pour le mieux pour vous. C'est comme nager dans le sens du courant. Vous parcourez une distance maximale avec un minimum d'efforts. C'est aussi une envie irrésistible: dès que vous prenez une bouchée de tarte, vous voulez la dévorer au complet. C'est une sensation agréable comme trouver vingt dollars dans un canapé, ne rencontrer que des feux verts, recevoir un bonus de fin d'année au beau milieu de l'été, avoir tous ses gazouillis regazouillés ou enfiler avec aisance des jeans moulants. Rien que de l'agréable!

Oola est ce que vous ressentez lorsque votre vie est équilibrée et en progression. C'est pour cette raison que nous nous sommes consacrés à la poursuite d'Oola et que nous nous sommes engagés à partager cette quête avec le reste du monde.

Le contraire d'une vie Oola est une vie sans Oola. Malheureusement, la deuxième option est le lot d'une majorité d'entre nous. Le tout peut être sournois. En surface, rien ne semble clocher pour les gens qui mènent une vie sans Oola. Ils peuvent même donner l'impression d'être des «gagnants». C'est le type au gym qui affiche un pourcentage de gras de six pour cent, mais qui a besoin d'être raccompagné chez lui parce qu'il n'a pas les moyens d'avoir son propre véhicule. C'est le millionnaire dont le seul lien avec ses enfants est leurs occasionnels messages textes qui lui réclament encore plus d'argent.

OolaChercheur

Mon vélo rose

Grandir sur une petite ferme du Dakota du Nord offre une multitude d'occasions de devenir un «homme»!

Cependant, grandir sur une petite ferme du Dakota du Nord avec quatre sœurs (et être au bout de la chaîne des vêtements usagés) n'en était pas une.

☛ ***Peu importe où vous en êtes dans la vie, il y a de l'espoir.***

D'ailleurs, parlant d'objets usagés, que dire du vélo passé trois fois de mes sœurs, un Huffy rose à trois vitesses? D'ailleurs, la couleur n'était pas le seul problème. Il manquait plusieurs rayons, les jantes étaient faussées et rouillées, et les pneus étaient si élimés que l'air s'échappait de partout.

J'ignore au juste ce qui me poussait à me promener avec ce vélo sur les routes de gravier, à travers les champs et le long des chemins empruntés par les vaches. Tout ce que je sais, c'est que ce vélo n'était pas synonyme de plaisir. Sur de courtes distances, ça pouvait aller. Je parvenais toujours à me rendre à destination au prix de quelques difficultés mineures et d'un peu de douleur. Toutefois, dès que ce vélo est devenu mon principal moyen de transport, les trajets sont devenus désespérément ardus. À certains moments, je pouvais à peine avancer. J'avais l'impression que le dérailleur était constamment coincé à la première vitesse.

Tout cet effort épuisait mon corps. Chaque sortie était douloureusement difficile. Je ne compte plus le nombre de fois où j'ai failli renoncer, abandonner le vélo sur le bord de la route et rentrer à pied à la maison. Une fois de retour chez moi, je ne voulais pas garder cette souffrance pour moi seul; je voulais que tous la partagent. Si je n'étais pas content, il n'y avait aucune raison pour que mes sœurs, mes parents et même le chien le soient.

Ce vélo rose est l'incarnation même d'une vie SANS Oola. Ce vélo ne progressait pas: il était agonisant. Il n'était pas équilibré: il était déglingué. Il était trop petit, déréglé et usé à la corde. S'il ne fallait donner que quelques coups de pédale, ça pouvait aller, mais avec la répétition, le tout devenait épuisant, fatigant et frustrant.

Ainsi était ma vie il y a de cela trois ans: déprimante et stressante. Une vie qui n'allait nulle part. Par moments, j'avais envie de tout abandonner pour recommencer à zéro – ou pire. Il n'y avait aucun Oola dans ma vie.

OolaGourou
Les assiettes tournantes

D'aussi loin que je me souvienne, j'ai voulu mener une vie en progression et en équilibre. Je n'ai pas agi ainsi parce qu'une autre personne me disait de le faire, ou parce que j'avais lu un bouquin sur le sujet. J'ai voulu une vie Oola parce j'ai constaté que ça donnait des résultats. Chaque fois que de bonnes choses m'arrivaient, ma vie restait équilibrée et en progression. J'ai même remarqué que chaque fois que le sentiment d'épanouissement était plus intense, ma vie demeurait néanmoins équilibrée et en progression.

Je suis un homme de peu de mots, mais si on me pose la question, je n'hésite jamais à dire quelle est pour moi la clé d'une vie réussie. À de nombreuses occasions, des personnes bardées de diplômes et beaucoup plus expérimentées que je ne le suis ont mis en doute la possibilité de maintenir un tel équilibre dans sa vie. Je leur réponds qu'ils prennent un peu trop les choses au pied de la lettre. Je ne préconise pas de consacrer exactement 205,7 minutes par jour à chaque facette d'Oola. C'est comme dans le mariage: rien n'est jamais réellement partagé 50-50. C'est plutôt 80-20... parfois, c'est l'épouse qui s'occupe de 80 pour cent de la charge tandis qu'à d'autres moments, c'est à l'époux de porter le plus gros du fardeau.

La meilleure explication que je puisse offrir pour atteindre l'équilibre est d'utiliser le numéro de cirque qui consiste à faire tournoyer des assiettes. Imaginez un performeur qui arrive au centre de la piste avec de longues tiges de deux mètres de haut. Pour les fins de l'histoire, supposons qu'il y en a sept. Puis il prend sept assiettes d'une blancheur étincelante. Il place une première assiette au bout d'une tige et il la fait tournoyer, un peu comme un joueur de basketball fait tournoyer un ballon au bout de son doigt afin de le maintenir en équilibre. Il répète la même opération avec les six autres assiettes. Habituellement, une fois qu.il est rendu à la quatrième ou la cinquième assiette, la première commence à vaciller. L'artiste est alors confronté au choix suivant: «Ou bien je passe à l'assiette suivante, ou bien je reviens à la première assiette pour lui redonner une poussée avant qu'elle ne tombe et s'écrase sur le sol.» Pendant le reste du numéro, nous observons, fascinés, ses constants allers-retours au pas de course, d'une assiette vacillante à l'autre, pour s'assurer qu'aucune ne tombe.

C'est exactement ainsi que j'assure un équilibre dans ma vie, jour après jour. Il est impossible de maintenir dans un équilibre parfait chaque facette importante de votre vie. Par contre, chaque fois que je me réveille le matin, je vérifie si toutes les assiettes continuent de tournoyer. Si j'en vois une qui vacille, je lui donne une poussée.

****

Peu importe où vous en êtes dans votre vie, il y a de l'espoir. La vérité est qu'Oola est un cadeau que nous pouvons tous recevoir. Vous lisez ces lignes pour une raison – vous êtes digne d'une vie Oola. Peu importe ce que vous avez fait ou omis de faire, Oola est à votre portée. Saisissez-le!

Chapitre 2

Les deux chemins vers Oola

☛ ***Parfois, c'est le voyage qui vous en apprend beaucoup sur votre destination.***

— DRAKE

Voici notre histoire. C'est l'histoire de deux gars dont les intérêts, les valeurs, les croyances et les aspirations sont similaires, mais qui ont emprunté deux chemins différents, qui se sont retrouvés depuis, et qui partagent le même désir de raconter leur cheminement vers Oola et d'aider les autres à faire de même. Voici ce que notre quête nous a appris jusqu'à présent et ce qu'elle nous laisse entrevoir pour l'avenir.

OolaChercheur
Nous aimons tous les retours en force

Il y a des moments où il aurait été plus chouette d'être le Gourou plutôt que le Chercheur.

Sauf que je ne changerais de place pour rien au monde. Certes, je ne refuserai jamais de côtoyer sa famille dans leur résidence secondaire sur le bord d'un lac, de séjourner dans leur maison au bord de mer, ou de conduire sa Ferrari. Toutefois, je me considère chanceux d'avoir eu la vie que j'ai menée jusqu'à présent. Et d'avoir vécu toutes ces expériences, autant les victoires que les défaites.

Revenir en force – surtout après que vous avez eu une vie Oola – peut être laborieux et rempli de défis. Encore aujourd'hui, écrire à propos de mes lacunes et de mes échecs reste difficile et peu flatteur pour l'ego. J'ai cependant appris à les accepter. Je reformule. Non seulement j'assume absolument tout, mais je me sens privilégié de l'avoir vécu, tout vécu !

En d'autres mots, tout le négatif dans cette histoire est vrai. Et tout le positif l'est également.

Ce n'est pas une tragédie, c'est une réalité – ma réalité, celle qui m'a conduit là où je suis, là où je retrouve mon Oola et là où j'ai la possibilité de faire connaître Oola au reste du monde. J'espère sincèrement que mon témoignage changera des vies. Je ne vais pas vous mentir. Je me demande souvent: Qu'est-il arrivé en cours de route pour que ma vie devienne si pénible? Qu'est-ce qui m'a entraîné vers le fond?

Lorsque j'y repense, il m'apparaît évident que j'ai perdu Oola lorsque le succès a commencé à me monter à la tête. J'avais besoin de faire preuve d'humilité. Je ne ressentais aucune gratitude pour ce que j'avais. Je croyais en avoir tout le mérite et ne rien devoir à personne. L'absence de modestie et reconnaissance m'a amené à faire des choix qui ont débouché sur la culpabilité et l'autodes-

truction. Ces OolaBlocages m'ont fait descendre de mon piédestal, m'ont déséquilibré, et les assiettes ont commencé à tomber l'une après l'autre. Mon mariage a commencé à prendre l'eau et soudainement, c'était le divorce, la vie dans une chambre de motel et les déplacements dans la vieille Taurus pourrie de ma mère. Vous avez bien lu: la voiture de ma mère.

☛ ***Tout le monde aime les retours en force – surtout lorsqu'on en est soi-même le bénéficiaire.***

Tout le monde aime les retours en force – surtout lorsqu'on en est soi-même le bénéficiaire. Dans le cas présent, ce bénéficiaire, c'est moi. Cet appel téléphonique fait il y a trois ans au OolaGourou a été le début de mon retour vers Oola. Une sacrée virée. J'ai éliminé les OolaBlocages pour intégrer à la place les OolaStimulants. Ma vie s'est transformée de manière accélérée, mais uniquement grâce à des actions précises et à un effort constant. Si j'ai pu y arriver, vous le pouvez, vous aussi.

Ce qui vous a motivé à prendre ce livre et à vous rendre jusqu'au chapitre 2 vous inspirera également à le lire jusqu'au bout afin d'éliminer les OolaBlocages et d'ajouter les OolaStimulants. Vous pourrez alors amorcer votre quête vers une vie équilibrée qui progresse… vers une Oola de vie!

OolaGourou
L'album photo

Avez-vous déjà jeté un coup d'œil sur l'album photo d'un ami? Les photos sont des instantanés de notre vie, d'occasions spéciales, d'événements importants, de vacances, de fêtes… bref, de moments privilégiés.

Ce livre est en quelque sorte un album photo. Il présente tous les moments que j'ai vécus en lien avec les facettes clés de la vie (les 7 F d'Oola). Je ne suis pas vraiment un gourou. Au contraire. Je ne possède pas de dons particuliers ou de talents hors du commun. Je suis plutôt du genre à porter un t-shirt et des jeans confortables. Je ne suis pas différent de vous ; ma personne n'a rien de particulier.

«Je ne suis pas encore la personne que je veux être, mais, Dieu merci, je ne suis plus la personne que j'étais» est l'un de mes proverbes préférés. Moi aussi, j'ai eu mon lot de problèmes.

La vie est un parcours semé d'embûches pour nous tous, y compris pour les «gourous». À mes yeux, les embûches sont autant d'occasions d'apprendre et de nous révéler notre nature véritable. Rien n'est plus facile que de vous accrocher un sourire au visage, bien assis sur la plage de votre résidence d'été. C'est dans l'adversité qu'on voit de quel bois vous vous chauffez vraiment. Parfois, je suis satisfait de la façon dont j'ai relevé mes propres défis. À d'autres moments, je le suis beaucoup moins.

À l'inverse, l'OolaChercheur n'est pas un raté. En fait, il est une des personnes les plus positives, indulgentes, créatives et talentueuses que je connaisse. Nos objectifs et nos rêves ont presque toujours été identiques. C'est pour cette raison qu'au moment de reprendre contact il y a trois ans, nous voulions comprendre pourquoi nos parcours avaient tant divergé. Cette recherche a révélé ce qui nous différenciait. Avec le temps, j'ai fait davantage de choix et cultivé les traits de personnalité correspondants qui ont donné un élan à ma vie et l'ont propulsée vers de nouveaux sommets. Ce sont les OolaStimulants.

Nous avons également remarqué que l'OolaChercheur affichait un ratio plus élevé de traits qui gênaient la progression de sa vie. Nous les appelons les OolaBlocages. Ce constat s'est avéré déterminant pour me permettre de poursuivre ma progression personnelle et pour aider l'OolaChercheur à se reprendre en main.

Pendant votre lecture de ce livre, il vous arrivera parfois de vous identifier davantage au OolaChercheur, et à d'autres moments au OolaGourou. Comme le disait James Truslow Adams: «Il y a tellement de bien dans le pire d'entre nous, et tellement de mauvais dans le meilleur d'entre nous, qu'il n'est pas approprié pour aucun de nous de trouver la faute avec le reste d'entre nous.»

****

Il nous arrive à tous de gagner et de perdre, de réussir et d'échouer. Ce livre n'est pas là pour juger. Notre objectif est d'offrir des perspectives différentes afin que vous puissiez vous reconnaître, apprendre et progresser. Découvrez là où vous en êtes, renouez avec votre désir de faire mieux, éliminez les OolaBlocages et misez sur les OolaStimulants. Lancez-vous à la poursuite de la vie dont vous rêvez. Nous espérons qu'à la lecture de nos propres bons coups, mais aussi de nos échecs, de ce que nous avons constaté et de ce que nous avons vécu, nous pouvons vous aider à accéder plus rapidement à Oola.

SECTION DEUX

Les 7 F d'Oola

☛ ***Tout dans la vie… doit tendre à l'équilibre.***

— Donna Karan

Bienvenue au cœur de ce livre. Pour vivre la vie de vos rêves, il est essentiel de comprendre les 7 F d'Oola.

Les 7 F représentent une des Facettes clés de la vie. Elles sont: forme, finances, famille, travail, valeurs, relations et plaisir. On ne compte plus les bouquins consacrés à l'importance de chacune de ces facettes pour expliquer avec moult détails comment améliorer les 7 F. En plus de vous informer et de vous divertir, notre objectif est de vous fournir suffisamment d'informations pour vous faire prendre conscience que ces différentes facettes de la vie méritent qu'on s'y attarde.

Nous allons également définir chaque F, offrir des enseignements tirés de nos expériences personnelles sur la façon de progresser dans chacune d'entre elles, et proposer des principes et des conseils éprouvés pour vous aider à accroître votre Oola dans les aspects de votre vie qui en ont le plus besoin.

Pendant que vous lirez ces catégories, amorcez un processus d'auto-évaluation. Posez-vous les questions suivantes: quelle est la facette où je suis fort? La facette où je suis faible? Ai-je atteint un équilibre? Si vous répondez à ces questions dès maintenant, vous serez mieux préparé pour la dernière partie du livre où nous abordons les trois étapes vers une OolaVie.

Voici un premier survol en haute altitude:

1. **Oola**Forme englobe tout ce qui touche à la santé et au mieux-être. Pour les besoins de ce livre, nous nous intéresserons davantage à l'usage que vous faites de votre corps et à la façon dont vous l'alimentez.

2. **Oola**Finances porte sur vos finances personnelles, notamment: vos revenus, vos dépenses, vos dettes (très AntiOola), vos dons, vos épargnes/investissements.

3. **Oola**Famille aborde tout ce qui touche le statut des individus: célibataires, conjoints de fait, conjoints mariés, personnes divorcées, enfants, beaux-enfants, famille élargie… tous y ont leur place.

4. **Oola**Travail s'intéresse à votre carrière. Parents qui restent à la maison, cela vous concerne également. Être un parent à la maison est très Oola. Les étudiants entrent également dans cette catégorie.

5. **Oola**Valeurs est basé sur la gratitude, l'humilité et une meilleure compréhension de notre présence ici sur terre. Rien n'est plus personnel que les croyances religieuses, et vous pouvez avoir une OolaVie sans croire à une puissance supérieure et sans en faire une priorité.

6. **Oola**Relations touche la vie en société. On y aborde les relations avec les autres sous toutes leurs formes, y compris les relations toxiques.

7. **Oola**Plaisir explore ce qui vous passionne dans la vie. C'est avoir du plaisir chaque jour et posséder un plan pour rayer tous les éléments de votre liste «Choses à faire avant que l'inévitable ne survienne».

Chapitre 3

OolaForme

Mangez moins que vous ne brûlez en calories...
ou brûlez davantage de calories
que vous ne mangez...à vous de choisir!

☛ ***Prenez soin de votre corps.***
C'est le seul endroit où vous pouvez vivre.

— JOHN ROHN

Les mots «condition physique» ont pris un tout nouveau sens depuis une vingtaine d'années. En fait, ils ont tellement été utilisés à toutes les sauces que la signification que l'on donne à cette expression a été diluée au point d'en perdre toute sa pertinence, ou presque. En résumé, les mots «condition physique» ont beaucoup perdu de leur attrait et de leur beauté.

Aujourd'hui, ce terme semble utilisé de deux façons différentes. La première définition tourne autour de l'impact de la santé sur tout ce que vous faites. On parle ici d'être bien dans sa peau et fier de son apparence, d'être en santé et productif. C'est aussi la façon de bouger son corps et de l'alimenter. Je me sens sexy dans ces jeans moulants, je vais faire un malheur au gymnase… C'est très OolaForme.

La seconde définition porte sur les âneries que l'on voit et entend dans les médias et sur le Web. Prenez cette pilule, buvez ce jus, retrouvez une taille de guêpe d'ici demain, remuez cette graisse pour devenir plus mince et plus en forme… Très anti-Oola.

Question: *Améliorer votre condition physique, est-ce facile ou difficile?*

Voici une bonne réponse: c'est simple, mais ce n'est pas facile. Si vous mangez plus que vous ne brûlez en énergie, votre corps l'emmagasinera sous forme de graisse. Si vous brûlez plus d'énergie que vous n'en consommez, votre corps éliminera cette graisse. Tout aussi importante que la quantité est la qualité de ce que vous consommez.

Cela semble facile, mais croyez-nous sur parole, c'est loin d'être le cas. Regardez autour de vous. Si vous vivez dans une grande ville, vous êtes toujours à un coin de rue d'un repas à 2 000 calories vides. Si vous vivez dans une petite ville ou à la campagne, et que vous possédez un four micro-ondes et un congélateur, les mêmes 2 000 calories vides peuvent être disponibles en moins de trois minutes.

Et même si vous essayez de manger sainement et que vous faites de l'exercice régulièrement, tous vos efforts peuvent s'avérer vains si, lorsque vous rentrez du travail, vous faites un arrêt pour acheter cet incroyable café glacé, ou ce hamburger-frites accompagné d'une boisson gazeuse.

Nous aimons tous la bonne bouffe. Nous aimons tous notre tasse de café. Nous aimons tous regarder un film en compagnie des enfants tout en dégustant une pointe de pizza ou du maïs soufflé agrémenté de M&M. Oui, c'est simple – mais ce n'est pas facile!

Si vous lisez ce chapitre et que vous êtes à la recherche de la prochaine recette magique, du prochain exerciseur miracle pour les cuisses, ou de l'instructrice à la voix tonitruante qui porte une queue de cheval et qui court comme une gazelle, vous serez déçu. Par contre, si vous êtes à la recherche de concepts simples, de principes efficaces et d'inspiration pour vous permettre de progresser vers votre OolaForme… alors lisez les pages qui suivent, vous êtes sur la bonne voie.

☛ ***Si vous lisez ce chapitre et que vous êtes à la recherche de la prochaine recette magique, du prochain exerciseur miracle pour les cuisses ou de l'entraîneuse à la voix tonitruante qui porte une queue de cheval et qui court comme une gazelle, vous serez déçu.***

OolaChercheur
Des goûts de fille

Je dois admettre que j'ai des goûts de «fille». C'est peut-être le fait d'avoir grandi avec quatre sœurs ou d'avoir élevé mes quatre filles, mais il n'en demeure pas moins qu'au fil du temps, je suis devenu très soucieux de mon corps.

Cela étant dit, si vous êtes une femme, ne sourcillez pas si j'utilise l'expression «goûts de fille» - je le fais avec le plus grand respect. Vous devez cependant admettre cette tendance à acheter des vêtements qui amincissent ceci ou des soutiens-gorge qui remontent cela. Vous pouvez passer une heure devant le miroir ou porter des chaussures qui vous grandissent de quelques centimètres.

Si vous êtes un homme, inutile de ricaner – nous avons tous nos petits secrets, alors occupez-vous des vôtres et respectez que je fasse preuve de transparence afin de me faire bien comprendre.

Laissez-moi vous expliquer. Je ne ménage aucun effort pour être en bonne condition physique, et ce, pour deux raisons très simples. Premièrement, mes goûts de fille: je ne supporte pas l'idée que mon ventre puisse déborder de ma ceinture de pantalon. Le seul fait de me sentir légèrement à l'étroit dans mes vêtements m'irrite et me donne l'impression d'être devenu obèse. (N'oubliez pas que je suis une fille.) Bon, laissons tomber et continuons. Parfois, j'ai littéralement l'impression que mes seins tressaillent dès que ma voiture roule sur une route cahoteuse. Cela me met hors de moi et me donne envie d'arrêter sur-le-champ pour faire une centaine de pompes. Quant au double menton, je n'en aurai jamais. Jamais!

Deuxièmement, il y a tant de choses à faire dans la vie qu'il est hors de question que je ne sois pas en pleine forme et débordant d'énergie. Je ne veux pas me sentir trop vieux pour atteindre mes objectifs et faire ce que j'aime. Je ne succomberai pas à la paresse, parce que je veux jouer au soccer avec les enfants, courir un jour avec mes petits-enfants et même, qui sait, entreprendre un tour du monde à pied.

Chaque goutte de sueur et chaque fois que je passe devant un comptoir de crème glacée sans m'arrêter en valent la peine, et ce, pour les deux raisons que je viens d'énoncer. Si la première est de nature plus superficielle, la seconde a une résonance plus profonde et plus significative. Quoi qu'il en soit, l'une et l'autre me permettent de progresser dans ma OolaForme.

En quoi le fait d'être en forme est-il si important? Vous traînez peut-être un surpoids et vous vous dites: «Je suis heureux comme je suis. Je peux jouer au basketball avec les enfants et je suis productif au travail.» Rien à redire.

Or, laissez-moi vous parler d'une petite expérience qui jette un peu d'éclairage sur la question. Puisque je n'ai pas froid aux yeux et que j'essaie parfois des choses inusitées, je voulais voir ce qui arriverait à un homme âgé de trente-neuf ans et en forme si celui-ci versait du jour au lendemain dans la sédentarité. Quel serait l'impact sur ma condition physique et sur mon cheminement vers une OolaVie si j'arrêtais complètement de faire de l'exercice pendant quarante jours et que je mangeais tout ce dont j'ai envie? Conclusion: au bout de quarante jours de ce régime, j'ai pris presque douze kilos, j'ai commencé à avoir des brûlures d'estomac, ma tension artérielle a augmenté, mon cholestérol a atteint des niveaux dangereux, et ma libido est passée du stade Ferrari à celui de Vespa. En fait, toutes mes assiettes ont commencé à vaciller… toutes! C'était mon test pour mesurer si tout ceci avait vraiment de l'importance. La réponse est oui! Ne perdez jamais de vue ce F, soyez vrai à propos de vous-même et où vous en êtes rendu. Trouvez vos propres déclencheurs qui vous aideront à propulser votre condition physique vers de nouveaux sommets.

OolaGourou
Ma première course vers la boîte aux lettres

En 2004, j'étais incapable de courir sur une distance d'un kilomètre. Incapable de courir jusqu'à ma boîte aux lettres.

C'est ce constat qui m'a mis sur la voie de la OolaForme. J'étais à ma résidence d'été. La boîte aux lettres n'est pas adjacente au chalet: elle est un kilomètre plus loin, au bout d'un chemin de gravier. Accaparé par mes études, puis par ma carrière, mon niveau de forme physique diminuait progressivement au fil des ans. Une glissade lente, ou à tout le moins pas assez rapide pour que moi-même – ou mon entourage, je l'espérais – le remarque. Il n'en demeure pas moins que ma condition physique se détériorait.

C'est comme voir un vieil ami pour la première fois en dix ans. Vous le regardez et vous vous dites: *Dis donc, il a vraiment l'air plus vieux et il a pris du poids.* Sans compter que ce vieil ami pense probablement la même chose de vous.

Un beau matin, je me suis levé avec des lettres à mettre à la poste. Habituellement, j'enfourche mon véhicule tout-terrain pour les déposer dans ma boîte aux lettres. Mais il y avait cette voix dans ma tête qui se faisait de plus en plus insistante. C'était en fait deux voix, comme dans cette scène d'anthologie du film *Animal House* avec John Belushi. La bonne voix me disait à quel point j'étais en forme. «Pas mal pour ton âge. Tu n'es pas aussi gros qu'un tel ou un tel. Quel homme! Rappelle-toi à l'école secondaire, quand tu pouvais...»

La mauvaise voix me turlutait une tout autre chanson. «Mon gars, tu es en train de devenir gros. C'est un fait. Tu as une bedaine et tu commences à avoir des seins. J'ai peur que tu en viennes à produire du lait.»

Le temps était venu de prendre le taureau par les cornes. J'ai rangé le tout-terrain, j'ai enfilé mes espadrilles (c'était en fait la première paire de chaussures que j'ai trouvée dans mon placard), je les ai lacées, et je suis parti vers la boîte aux lettres... au pas de course. Peut-être à mi-chemin d'un léger faux plat ascendant, j'étais à bout de souffle. J'ai arrêté, je me suis plié en deux, j'ai posé les mains sur mes genoux et j'ai fait le dos rond pour essayer de faire entrer plus d'air dans mes poumons. J'étais épuisé et humilié. C'est à ce moment que j'ai été confronté à la dure réalité de ma santé déclinante.

Devant mon incapacité à courir, j'en suis arrivé à la conclusion que je devais procéder à une évaluation lucide de ma condition physique. J'ai décidé d'enlever la poussière sur mon pèse-personne pour voir ce qu'il me disait. Je suis monté dessus et j'ai lu «89», ce qui était probablement seize kilos de plus que mon poids idéal. Et je m'approchais dangereusement de la marque des 90 kilos. Trop près à mon goût.

Lorsque les gens en arrivent à cette étape de leur vie, ils font de deux choses l'une. Certains lèvent les bras pour adhérer à la philosophie «que l'on n'a qu'une seule vie à vivre et je vais la vivre comme je l'entends.» Et «vivre comme je l'entends» signifie réellement «je vais amorcer un lent déclin et prendre quelques kilos chaque année jusqu'au jour où je devrai me faire une injection quotidienne d'insuline, prendre des comprimés contre l'hypertension, et fréquenter les boutiques de vêtements pour tailles fortes.»

Cela peut arriver au meilleur d'entre nous. Heureusement, je ne fais pas partie de ce groupe. J'ai choisi l'autre voie, celle d'apporter des changements. Ce chiffre de «89», combiné à mon incapacité à courir jusqu'à la boîte aux lettres, a nourri ma motivation à prendre l'engagement d'améliorer cet aspect de ma vie. Et lorsque je m'engage, je m'engage. Ma famille prétend que je n'ai pas de gradateur d'intensité. Je suis soit «allumé», soit «fermé». Mon interrupteur de forme physique était maintenant «allumé».

C'était au début de l'été et je me suis mis en tête de participer au marathon de Chicago prévu à l'automne. J'ai fait des recherches pour savoir comment m'entraîner et éviter les blessures. J'ai mis au point un plan basé sur les techniques utilisées par d'autres pour réussir et je m'y suis tenu. J'ai couru plus de 1 000 kilomètres en 18 semaines. Je courais chaque fois que j'en avais la possibilité. Avant le lever du soleil. Après son coucher. J'ai couru sous une pluie glaciale et dans une chaleur tropicale. J'ai souffert de toutes les blessures possibles et imaginables. J'ai découvert des muscles dont j'ignorais jusqu'alors l'existence. J'ai perdu six ongles d'orteils.

Mon exemple est du genre «si je suis capable de le faire, tout le monde est capable». Je suis l'antithèse de l'athlète naturellement doué. Le seul sport de compétition que j'ai pratiqué à l'école était le golf, et je l'ai fait uniquement parce que ça me permettait de jouer gratuitement. Encore là, j'ai été intégré de justesse à l'équipe.

Toutefois, pour le marathon, je me suis fait une promesse et je me suis engagé à la respecter.

Avec succès. Le 10 octobre 2004, j'ai terminé mon premier marathon avec un temps de 3:54. Un chrono respectable.

Lorsque je suis rentré à la maison, ma cadette m'a demandé sur un ton empreint de naïveté: «Papa, as-tu gagné?» Je n'ai pas répondu tout de suite. Je me suis demandé si terminer au 8 758e rang pouvait être considéré comme une victoire. J'ai simplement dit: «Oui.»

Quelques semaines plus tard, alors que les affres de l'entraînement n'étaient plus qu'un vague souvenir, j'ai pris conscience de la grande expérience que je venais de vivre. Je me sentais en pleine forme. Non seulement avais-je perdu une dizaine de kilos, mais j'avais redéfini ce que signifiait pour moi le mot défi et, plus important encore, le mot possible.

Encore aujourd'hui, je continue de progresser dans ma OolaForme. Depuis 2004, j'ai couru seize marathons. J'ai combiné ma tolérance pour la course à ma passion pour le voyage afin de participer à des marathons dans d'autres pays. En Grèce, j'ai couru le marathon considéré comme le tout premier qui relie Marathon à Athènes. J'ai couru à Nairobi avec les Kenyans. Lorsque le défi de courir un marathon est devenu moins excitant, je me suis fixé un nouvel objectif: terminer un Ironman. À titre d'information, on parle d'une portion natation de 3,8 km, d'une portion bicyclette de 180,2 km et, pour compléter le tout, d'un marathon de 42,16 km. J'ai mérité le titre d'Ironman en 2010. Je dis «mérité» parce que, croyez-moi, pour terminer un Ironman, il faut le mériter. Je voulais le faire au moins une fois, mais pas plus. J'éprouve le plus grand respect pour la discipline requise afin d'accomplir un tel exploit.

Tout ça de la part d'un type qui, seulement six années auparavant, ne pouvait courir la distance entre son chalet et la boîte aux lettres.

****

Les avantages d'une bonne condition physique sont nombreux et transcendent cette seule catégorie. Être en forme est un réel accomplissement. Si vous prenez l'engagement de progresser dans cette facette, non seulement vous bénéficierez de bienfaits évidents sur le plan de la santé, mais vous aurez plus d'énergie, votre humeur sera meilleure, votre apparence s'en trouvera améliorée, et vous dormirez mieux... Les avantages sont innombrables et valent la peine que vous poursuiviez.

• Conseils pour une OolaForme

1. La simplicité a meilleur goût

Hâtez-vous lentement et évitez les raccourcis. Tout ce qui mérite d'être fait mérite d'être bien fait. Progresser dans votre OolaForme vaut tout le sang, la sueur et les larmes. Si votre engagement est réel, cette phrase sera à prendre au pied de la lettre.

2. Ne pas ménager vos efforts

Profitez de toutes les occasions qui se présentent pour faire de l'exercice. L'entraînement ne se limite pas au gymnase. Il peut s'agir d'une promenade à bicyclette ou d'une partie de soccer dans la cour arrière avec les enfants. N'oubliez jamais la règle d'or: brûlez plus de calories que vous en consommez. Plus vous mettez d'efforts dans l'entraînement et plus vous jouez, plus vous brûlez de calories!

3. Manger intelligemment

Les boissons gazeuses, les frites et le pain blanc consommés de manière excessive = mauvais. Les fruits, les légumes, les viandes maigres, les noix et les légumineuses = bon. Ne prétendez pas que vous ne savez pas comment vous alimenter sainement et ne sabotez pas vos propres efforts.

Mangez parce que vous avez faim et que vous avez besoin de refaire le plein d'énergie. Ne mangez pas pour vous sentir mieux ou parce que vous n'avez rien d'autre à faire. Mangez plus sainement et brûlez davantage de calories que vous n'en consommez.

Abordez la forme physique comme un processus et non comme une fin en soi. Projetez-vous dans un avenir où vous aurez belle apparence et où vous vous sentirez bien, agrémenté occasionnellement de soirées pizza avec les enfants, d'enchiladas et de margaritas avec des amis ou de journées à ne rien faire. «Occasionnellement» est le mot clé ici. Le reste du temps, allez au plus simple: mangez moins que vous ne brûlez de calories et brûlez plus de calories que vous n'en consommez.

Chapitre 4

OolaFinances

Dépensez moins que vous ne gagnez.

☛ ***Bien gérer l'argent, c'est faire les petites choses avec constance plutôt que de faire de grandes choses avec intermittence.***

— @OolaGourou

OolaFinances et OolaForme présentent beaucoup de similitudes. Avec OolaForme, nous disons «brûlez plus de calories que vous n'en consommez». Avec OolaFinances, nous vous proposons simplement de «dépenser moins que vous ne gagnez». Simple à conceptualiser. Mais très difficile à appliquer.

L'endettement est toujours l'éléphant dans la pièce lorsqu'on aborde le sujet des finances personnelles. Une dette est un boulet. Une dette n'est pas Oola. Nous détestons les dettes. Puisque nous éliminons ce que nous détestons, nous cherchons à nous en débarrasser. Ce n'est ni facile ni rapide. Mais cela en vaut la peine.

Le problème avec l'endettement est qu'il est si omniprésent socialement parlant qu'il en devient presque normal. Or, il n'y a rien de normal dans une dette. En fait, historiquement, l'endettement est un phénomène relativement récent. Il suffit de remonter une génération ou deux. Nos grands-parents payaient tout avec de l'argent comptant. La seule exception était l'emprunt pour acheter une maison. Avançons maintenant d'une génération. Nos parents auraient considéré justifié de contracter un emprunt pour acquérir une résidence, un véhicule et peut-être, à l'occasion, pour financer des vacances ou des rénovations. Avançons maintenant à aujourd'hui: j'ai déjà vu un individu utiliser sa carte de crédit pour payer un café à une station-service. Ridicule.

Agissez de manière responsable avec l'argent que vous avez. Dans son livre *Letting Go of Your Bananas,* le Dr Danny Drubin parle de la place du tiret dans notre vie. Il raconte qu'un jour, pendant une promenade dans un cimetière, il a observé de plus près les inscriptions gravées sur les pierres tombales et a remarqué que les années étaient toujours séparées par un tiret.

Il a alors pris conscience que ce tiret représentait le passage du temps et l'usage que vous en faites. Le Dr Drubin écrit: «… profitez au maximum de chaque journée et renoncez à tout ce qui ne concourt pas à ce futur lumineux dans lequel vous vous projetez». Faites preuve de sagesse dans l'utilisation du temps qui vous est imparti. Profitez au maximum du tiret.

Le même principe s'applique à l'argent. Vous arrivez sur cette planète sans argent et vous la quittez sans argent. Au cours de la période du tiret, vous en gagnerez et vous en dépenserez. Et, espérons-le, vous en donnerez (donner est très Oola !). C'est ce qui survient pendant le tiret qui compte le plus. Si vous dépensez judicieusement votre argent, vous en attirerez encore plus vers vous. Si vous dépensez de manière irresponsable et frivole, vous vous retrouverez rapidement fauché. Gérez avec sagesse l'argent qu'on vous confie.

☛ ***Notre budget à l'époque contenait une catégorie nommée « amusement ». Il s'élevait à 15 $ pour le mois entier.***

Dans Oola, tout est question d'équilibre et de progression. Pour progresser dans OolaFinances, vous devez apprendre. Nous connaissons un type qui est un expert de la période de l'Antiquité. Il maîtrise très bien le sujet. Par contre, il est incapable d'équilibrer ses finances et le mot budget ne veut rien dire pour lui. Il est possible de passer une vie entière sans connaître la signification d'une gravure sur un morceau d'assiette vieux de 1 500 ans. Par contre, il est impensable de passer votre vie en restant ignorant sur le sujet de l'argent, au risque de passer à côté de l'OolaVie. En matière d'argent, plus vous en saurez, plus vous en apprendrez, plus responsable vous serez et plus vous en attirerez vers vous.

OolaChercheur
Un rendez-vous avec Halle Berry

Si vous demandez à des hommes de choisir une femme dans le monde à qui ils aimeraient donner rendez-vous, vous obtiendrez un vaste éventail de réponses, de la reine Elizabeth II à Fiona du film Shrek *(oui, je l'ai déjà entendu). Or, la réponse la plus fréquente est Halle Berry… Halle Berry ! Cette réponse est habituellement suivie par les sujets qui seraient abordés et les gestes qui seraient posés pendant le rendez-vous, question qu'Halle Berry tombe éperdument amoureuse.*

En toute honnêteté, la majorité de ces hommes n'auraient pas la moindre idée de la façon dont ils réagiraient si Halle Berry entrait dans un restaurant, s'assoyait à côté d'eux et disait: «Allô, je m'appelle Halle.» Le premier geste qu'ils poseraient serait probablement d'appeler leur meilleur copain pour lui raconter ce qui est en train de leur arriver. Ensuite, ils prendraient une photo pour prouver à cet ami qu'il s'agit bel et bien d'Halle Berry. Après avoir publié la photo sur Facebook, ils auraient toutes les difficultés du monde à balbutier un début de conversation, à sauvegarder mentalement tout souvenir de cette rencontre, et ils pourraient même commencer à ressentir un début d'inconfort en raison de sa présence. En moins de temps qu'il ne faut pour le dire, elle s'en irait, et ils auraient loupé leur seule chance d'avoir un rendez-vous avec elle.

Lorsque j'ai commencé à gagner beaucoup d'argent à la fin de ma vingtaine, chaque chèque de paie ressemblait à un rendez-vous avec Halle Berry – pas la moindre idée de ce que je devais faire avec. Je ne savais pas comment gérer l'argent ni comment l'économiser. Et comme Halle Berry, l'argent est rapidement sorti de ma vie.

Personne ne m'avait enseigné à composer avec l'argent. «C'est la source de tous les malheurs» et «L'argent n'achète pas le bonheur» étaient les thèmes qui revenaient le plus souvent dans mes souvenirs les plus précoces.

Il y a trois ans, après avoir atteint le fond du baril et avoir perdu Oola, me mettre en mode apprentissage au sujet des finances est devenu une priorité. J'étais persuadé de retrouver mon Oola; j'étais persuadé de me remettre financièrement à flot. Parmi toutes les préoccupations qui me tenaillaient quand j'étais au plus bas, c'était le manque d'argent et le poids des dettes qui étaient le plus difficile à supporter. Après avoir trimé très dur et intelligemment, je suis fier de dire que je suis en voie de liquider toutes mes dettes et d'assurer mon avenir et celui de ma famille.

En d'autres mots, si vous prenez soin de l'argent, l'argent prendra soin de vous.

OolaGourou
L'herbe plus verte du voisin

La réussite, que cela vous plaise ou non, est souvent définie dans notre société par les biens matériels: ce que vous conduisez, là où vous habitez, ce que vous faites. Si votre objectif est d'accéder à une vie Oola, vous devez d'abord remettre en cause bon nombre des définitions généralement admises de ce qu'est la réussite unidimensionnelle/matérielle, définitions que la culture et les médias entretiennent continuellement dans notre subconscient.

La société dans laquelle nous vivons semble obsédée par le matériel et la nécessité de posséder ce que le voisin possède. Celui qui aura le plus de joujoux au moment de rendre l'âme gagne… Vraiment? Comprenez-moi bien: moi aussi, j'ai quelques beaux objets. J'insiste sur ce mot: quelques. L'idée ici est de ne pas perdre le nord, de maintenir un équilibre et de garder les choses en perspective par rapport à votre situation financière actuelle. Il y aura toujours meilleur, plus rapide, plus gros et plus fort. Nous ne devons jamais perdre le contrôle face à la quête du matériel, car il s'agit d'une quête souvent égoïste et vaine. Il n'est pas nécessaire non plus de verser dans l'autre extrême et de renoncer à tout ce qui touche de près ou de loin aux biens terrestres. Vous pouvez garder quelques-uns de vos joujoux, mais sans jamais perdre votre sens des proportions. Il ne s'agit que d'objets, après tout. Pour ma part, tout ce que j'ai remarqué lorsque j'ai commencé l'accumulation de biens était la nécessité de gérer le tout et de faire un tri en prévision de notre visite semestrielle au comptoir de charité.

Pour ma part, et d'aussi loin que je me souvienne, j'ai toujours tracé mon propre sillon. Je ne me suis jamais préoccupé de ce que le voisin avait. Au début de mes études collégiales, j'avais écrit en tête de liste de mes objectifs: «Ne pas avoir de dettes à l'âge de 40 ans».

Je suis peut-être né avec le «cul bordé de nouilles», mais pas avec une cuillère en argent dans la bouche. Nous n'étions pas pauvres; nous ne manquions de rien, mais nous étions loin d'être riches.

Dès l'enfance, nos parents nous ont fait clairement comprendre qu'ils s'acquitteraient de nos besoins financiers jusqu'à l'obtention du diplôme d'études secondaires. Par la suite, nous ne devions compter que sur nous-mêmes. Certains avancent que notre premier souvenir en lien avec l'argent a un grand impact sur la suite des choses, financièrement parlant. C'était donc mon premier souvenir. Le message est resté gravé dans ma mémoire, et j'en suis reconnaissant. Mes deux sœurs, mon frère et moi avons tous trouvé un moyen de voler de nos propres ailes et d'assurer notre subsistance et celle de nos familles sans l'aide de personne.

Je me suis marié pendant ma dernière année d'études. Nous étions jeunes et avions commis notre lot de bourdes financières. À la fin de mes études, je devais plus de 55 000 $ en prêts étudiants, une grosse somme à l'époque. Mon épouse avait aussi contracté des prêts. Nous avions fait des emprunts pour des véhicules que nous n'aurions pas dû acheter. J'ai fait l'acquisition de ma première maison sans mise de fonds. En fait, c'est un chèque que j'ai reçu au moment de la signature du contrat de vente parce que mon oncle, qui était agent immobilier, m'avait redonné sa commission. J'ai acquis en grande partie ma supposée sagesse de gourou non pas dans les livres, mais sur le tas, à l'image de ces exemples de mauvais choix.

Heureusement, l'économie était forte et nous nous sommes maintenus à flot. Après avoir appris de nos erreurs et profité de bons conseils, nous avons commencé à apporter des changements, à progresser lentement mais sûrement, et à orienter notre vie financière dans la bonne direction.

Dave Ramsey, un auteur à succès et animateur d'une émission radiophonique sur les finances personnelles, compare le tout à la méthode «mijoteuse versus four micro-ondes». Pendant ces premières années, nous suivions un plan financier de type mijoteuse et celle-ci était réglée à «basse température». Même si nous avions souvent l'impression de faire du surplace, nous n'avons pas dérogé de notre plan, c'est-à-dire rogner nos dettes chaque fois que l'occasion se présentait. Nous sentions que nous étions sur la bonne voie. Évidemment, puisque tout l'argent excédentaire allait au remboursement de nos dettes, nous ne vivions pas dans le luxe. À titre d'exemple, nos voitures à cette époque étaient deux Pintos (dont une a explosé) et une Fairmont jaune d'une valeur de 500 $. Cette Fairmont était si laide que nous l'avions surnommée Bingo, parce qu'elle ressemblait à une voiture qu'une gentille petite grand-mère prendrait pour se rendre à un bingo.

J'économisais la menue monnaie déposée dans le cendrier pour offrir à mon épouse à l'occasion de son anniversaire un repas dans notre pizzeria préférée (nos enfants refusent encore de croire à la véracité de cette anecdote). Toujours à la même époque, il y avait dans notre budget une catégorie appelée «Amusement». Un montant de 15 $ y était réservé pour le mois tout entier. Comme un repas au restaurant entrait dans cette catégorie, cette somme était vite dépensée. Le plus curieux dans toute cette histoire, c'est que je repense à ce chapitre de ma vie avec tendresse et un sourire en coin. C'était une époque tout à fait spéciale.

Surmonter les obstacles trempe le caractère et amène le respect. C'est un peu comme repenser aux entraîneurs ou aux enseignants envers qui nous avons le plus grand respect parce qu'ils nous ont poussés à nous surpasser. D'ailleurs, je considère que l'une des clés de cette réussite dont mon épouse et moi jouissons aujourd'hui avec gratitude est ce processus qui nous a permis de travailler ensemble pendant les premières années de notre mariage pour atteindre un objectif commun.

Nous avons continué à cuisiner à la mijoteuse et à réduire notre dette jour après jour, mois après mois, année après année. Puis, un beau matin, nous y sommes parvenus. Le onzième mois de ma quarantième année, j'ai signé mon dernier chèque de remboursement à la banque. Nous n'avions plus aucune dette, maison incluse! C'était irréel. Elle avait disparu. Le moins qu'on puisse dire, c'est que nous nous sentions plus légers.

Aucun des achats que j'ai faits n'a pu surpasser la sensation de ne plus avoir de dettes. Il nous a fallu quinze années. Ma femme et moi avons fait le vœu de ne plus jamais emprunter d'argent, pour quelque raison que ce soit. Nous n'avons même pas de carte de crédit. C'est dire à quel point notre résolution est ferme.

Ce n'est pas par vantardise que nous racontons notre histoire, mais pour vous montrer que c'est possible. Ce n'est pas facile, mais c'est possible. Le seul conseil que je puisse vous donner, lequel est fondé sur notre démarche de quinze années pour devenir libres de toute dette, est de cesser d'envier l'herbe plus verte du voisin. Occupez-vous plutôt de votre propre jardin. Redirigez l'énergie et l'argent que vous gaspillez afin de faire mieux que l'ancienne version de vous-même. On dit qu'il n'y a aucune noblesse à prouver sa supériorité face à une autre personne; la vraie noblesse, c'est de s'améliorer soi-même. Si vous êtes confronté à une dette écrasante, relevez-vous les manches et abordez-la comme s'il s'agissait de manger un éléphant: un morceau à la fois!

Pour l'avoir vécu moi-même, je sais les sacrifices que vous devrez consentir pour manger cet éléphant. Vous devrez vous priver, et priver votre famille, de ce que le voisin possède. Cependant, toute personne censée vous dira que les récompenses matérielles ne sont pas un gage pour réussir réellement sa vie. C'est uniquement par l'accomplissement qu'arrive la vraie réussite. Dans cette citation tirée du *Dao Te Jing*, Lao Tseu explique en quoi consiste cet accomplissement:

> *Si votre accomplissement repose sur les autres, vous ne serez jamais un être accompli. Si votre bonheur repose sur l'argent, vous ne serez jamais heureux face à vous-même. Appréciez ce que vous possédez; réjouissez-vous qu'il en soit ainsi. Dès que vous prendrez conscience qu'il ne vous manque rien, le monde tout entier vous appartiendra.*
>
> *P.-S. Et n'ayez pas de dettes …* (Cet ajout est de moi).

• Conseils pour des OolaFinances

1. Éliminer l'endettement

Une dette est un fardeau. Une dette est l'incarnation du mal. On peut contracter une hypothèque à la rigueur, mais uniquement si les conditions sont avantageuses. Croyez-nous sur parole, nous avons vécu les deux situations: dette et absence de dette. La vie est beaucoup plus agréable sans dette. Ce n'est pas une tâche facile. Il suffit d'y aller un pas à la fois – et récolter ce fruit doux qu'est la sécurité financière obtenue à la fin de ce cheminement.

2. Bien gérer son argent

Prenez soin de l'argent que vous recevez. Gérez-le judicieusement. Nous arrivons sur cette planète avec aucun sou en poche et nous la quittons de la même façon. Si vous faites de bonnes choses, et que vous agissez de manière responsable avec l'argent que vous recevez, vous en recevrez plus. Nous en sommes la preuve.

3. Apprendre

N'enfouissez pas votre tête dans le sable. Occupez-vous de vos affaires et apprivoisez l'argent. Les ressources ne manquent pas. Suivez à la trace ce qui entre et ce qui sort. Faites un budget. Planifiez. Économisez pour parer aux urgences et financez les projets plus coûteux (vacances, études, mariage, *etc.*). Le livre de Dave Ramsey, *The Total Money Makeover,* est un bon point de départ.

Chapitre 5

OolaFamille

Aimer. Montrer la voie. S'engager.

☛ ***Ma famille est ma force et ma faiblesse.***

— Aishwarya Rai Bachchan

La famille regroupe les individus apparentés par les liens du sang, du mariage ou de l'adoption. Ce sont les gens avec qui vous interagissez régulièrement, que cela vous plaise ou non.

Si vous vivez une relation toxique avec un ami et que vous décidez de rompre les liens, vous n'avez qu'à cesser de répondre à ses courriels, à bloquer son numéro de téléphone, à l'éliminer de vos amis Facebook et à poursuivre votre chemin. Avec la famille, c'est un peu plus compliqué.

Parents, enfants, famille élargie, co-ceci, beau ou belle-cela… tous appartiennent de manière permanente à la catégorie famille. Vers où vos efforts doivent-ils tendre pour progresser dans cette catégorie? Il y a tellement de relations et chacun possède sa propre dynamique.

Pour notre part, nous préférons aborder les relations familiales comme une série de cercles; celui situé au centre représente le noyau. Imaginez ensuite une série de cercles concentriques en expansion vers l'extérieur. Les relations qui se trouvent au noyau sont celles qui vous sont les plus chères. Si vous êtes dans une union de mariage, ce sera votre partenaire et vos enfants. Si vous êtes célibataire, il s'agira plutôt de vos frères et sœurs ou de vos parents.

Ce noyau peut également inclure des grands-parents, une tante ou un cousin avec qui vous entretenez une relation particulière. C'est vous qui définissez ce qui appartient à votre noyau.

Dans le cercle suivant, les relations appartiennent toujours à la catégorie famille, mais le lien est moins direct. Les tantes, les oncles, les cousins sont des exemples de relations familiales de second degré.

À partir du troisième cercle et au-delà se trouvent les liens familiaux plus éloignés. Ce sont les gens dont les contacts se résument à l'annonce d'un mariage, à une carte de souhaits ou à une invitation à des retrouvailles.

Pendant que vous faites cet exercice, il est probable que vous constatiez que plus vous vous éloignez du noyau, plus l'intensité émotionnelle diminue. Les relations familiales sont puissantes. Et comme toutes les formes de pouvoir, elles peuvent être utilisées à bon ou à mauvais escient.

Si vous êtes en mesure d'exploiter l'amour pur généré par les relations familiales saines, vous progresserez dans cette catégorie, et vous progresserez vers Oola.

☛ Les relations familiales sont puissantes. Et comme toutes les formes de pouvoir, elles peuvent être utilisées à bon ou à mauvais escient.

Mais attention: les relations toxiques aiment s'immiscer dans cette catégorie. Dans votre cheminement vers Oola, vous devez identifier ces relations toxiques et composer avec elles. Qu'il s'agisse de tracer des frontières claires ou de faire preuve d'indulgence face à des torts passés, prenez le taureau par les cornes. Sinon, tel un virus qui se propage, la toxicité relationnelle contaminera votre noyau, accaparera votre énergie et vous détournera des relations familiales saines.

OolaChercheur

Il y a une vie après un divorce

On estime la valeur nette des actifs de Jeff Foxworthy, un humoriste célèbre surtout pour ses blagues sur les «rednecks», à 100 millions de dollars. L'an dernier, à Noël, je me reposais dans le salon et je pouvais entendre mes neveux, mes nièces et quelques-uns de mes enfants faire des blagues du même genre. Sans doute en raison de ma digestion lente après le repas de Noël, ou par pure paresse et pour chasser l'ennui, j'ai repris leurs blagues pour en créer d'autres très bonnes de mon cru. Par exemple, vous faire remorquer votre voiture même si elle n'est pas en panne et qu'elle est garée en toute légalité... est une indication que vos OolaFinances ne sont pas au meilleur de leur forme. Idem lorsque vous vous faites faire un tatouage payable en douze versements, sans mise de fonds et à zéro intérêt. De même, si aucune de vos chemises ne parvient à dissimuler votre ventre bien qu'elles aient été conçues à cette fin... c'est votre OolaForme cette fois qui laisse à désirer.

Et ainsi de suite. Cependant, ma phrase préférée, principalement parce qu'elle résumait parfaitement ma situation du moment, était: « Si les mots coparents et ex-épouse sont de nouvelles épithètes qui décrivent votre situation… c'est que votre Oolafamille a connu de meilleurs jours. Plus drôle encore, j'ignorais jusqu'à l'existence même de ces termes avant de suivre une formation sur le divorce. Oui, vous avez bien lu, une formation sur le divorce. Certes, je connaissais l'expression ex-épouse, mais co-parent? Jamais entendu parler. Il existe maintenant des mots politiquement corrects pour parler des gens qui divorcent. Amusant, non? La réalité, c'est que j'avais beaucoup à apprendre à propos du divorce – avant et après.

Enfant, je n'ai pas vécu de divorce et ce mot évoquait instantanément pour moi les mots «faiblesse» et «échec». J'avais grandi avec l'idée que mon mariage allait durer jusqu'à ce que la mort nous sépare. Et que nous aurions beaucoup d'enfants. Au moins, j'ai eu raison sur ce dernier point.

Mes grands-parents et mes parents sont toujours ensemble et leurs unions ont été des réussites. Mon père se lance encore aux trousses de ma mère un peu partout dans la maison, lui offre des fleurs et la considère comme la plus belle femme au monde. Mes grands-parents, autant du côté paternel que maternel, ont célébré plus de cinquante années de mariage, et un de mes grands-pères s'est tellement lancé aux trousses de sa femme qu'ils ont eu quatorze enfants.

Lorsque j'ai découvert le sexe pendant mon cours d'éducation à la sexualité en cinquième année, je me rappelle m'être dit: «Eh bien, grand-papa et grand-maman ont fait ça quatorze fois… dégueu…» Ma grand-mère disait toujours: «Si nous avons eu autant d'enfants, c'est que votre grand-père n'a jamais pu garder ses mains dans ses poches.» Lorsque j'ai finalement compris le sens de ses paroles, certains dimanches après-midi passés en leur compagnie se sont transformés en moments plutôt embarrassants. Quoi qu'il en soit, blessures émotionnelles mises à part, je n'aurais pu avoir de meilleurs enseignants pour apprendre ce qu'est une famille. Dès mon plus jeune âge, j'ai voulu en avoir une et en prendre soin.

Malheureusement, au bout de dix-sept années de mariage, deux titres allaient bientôt me définir: ex-époux et co-parent. J'avais l'impression d'avoir échoué et j'avais honte. Mais le plus dur a été de dire aux enfants que nous divorcions. Encore aujourd'hui, c'est l'émotion la plus brute et le stress le plus douloureux que mon corps ait encaissés. L'expression sur leurs visages et leurs réactions ont eu un effet dévastateur. Ce soir-là, une fois les enfants au lit, et après avoir pris la route en direction d'un motel, j'ai juré que nous allions rester une famille, maintenant et à jamais. J'ai ensuite couché par écrit tous les gestes que j'allais poser en tant que père qui se retrouve dans une telle situation. M'inspirant de ce que mon père et mon grand-père avaient fait, j'ai commencé à écrire:

- *Continuer d'aller à l'église en famille.*
- *Partager quatre repas agréables par mois en famille.*
- *Continuer de célébrer Noël et le plus grand nombre possible de fêtes en famille.*
- *Ne pas me disputer avec leur mère et ne jamais parler en mal d'elle devant eux… jamais!*
- *Trimer dur pour soutenir financièrement ma famille.*

Trois années ont passé depuis et encore aujourd'hui, je respecte ces cinq engagements. Nous ne sommes pas la famille divorcée typique. J'ai l'impression que nous tirons mieux notre épingle du jeu et que nous faisons un effort conscient pour continuer de progresser dans ce Oola.

OolaGourou
La motocyclette et les vrais hommes

J'ai eu la chance d'avoir de merveilleux parents. Ma mère m'a enseigné à aimer et à explorer cette merveilleuse aventure qu'est la vie. Elle m'a enseigné que nous sommes tous égaux aux yeux de Dieu, ni plus, ni moins. Mon père m'a enseigné à avoir confiance en moi, à respecter les autres, à me comporter de manière intègre et à travailler fort pour subvenir aux besoins de ma famille. D'ailleurs, ce mot, subvenir, doit m'avoir vraiment marqué. Je vous en reparle plus loin.

Durant mon enfance, j'ai vu mon père se lever tôt, rentrer tard, changer de vêtements et aller à son deuxième emploi. Il travaillait aussi les fins de semaine. Il trimait dur pour subvenir à nos besoins. Il a même pris un troisième emploi afin que nous puissions prendre des vacances en famille chaque année. Il travaillait fort pour que maman puisse rester à la maison avec nous. C'est ainsi qu'ils voyaient les choses. C'est ainsi que nous tous voyions les choses. Nous étions loin d'être riches, mais nous avions l'impression de ne manquer de rien. Nous nous sentions aimés.

Ma femme est une personne formidable. Elle adore son rôle de mère et elle ne changerait pas de place avec quiconque. C'est une vraie professionnelle. Je ne suis peut-être pas impartial, mais je crois qu'il me serait difficile de trouver mieux comme mère et comme épouse. Elle m'appuie, elle fait preuve d'indulgence avec mes faiblesses et elle comprend que je suis encore un être en devenir.

Très tôt dans notre mariage, nous avons décidé de suivre la tradition que nous avaient enseignée nos parents. Mon épouse a pris soin des enfants et j'ai ramené à la maison un chèque de paie.

Au fil du temps et au gré des exemples, j'en étais venu à me forger ma propre opinion du sens des mots «homme de la maison». Travailler fort, subvenir aux besoins de la famille, déposer un chèque de paie sur la table chaque vendredi, puis descendre dans mon sous-sol et passer du temps devant l'ordinateur ou la télé pour me reposer et être prêt à reprendre le collier le lundi matin.

À l'époque, aucun d'entre nous n'y voyait quelque chose de répréhensible. Cependant, comme pour le reste d'ailleurs, je ne pouvais m'empêcher de penser que je pouvais être un meilleur père. Puisque trouver un équilibre et progresser sont les deux piliers d'Oola, j'avais l'impression que je pouvais faire mieux en tant qu'homme de la maison. Que je pouvais passer à un niveau supérieur. Ce sentiment persistait, mais puisque personne ne se plaignait, nous avons continué sans rien changer, jusqu'à ce jour d'automne, il y a trois ans.

Je conduisais mes enfants à leur école. C'est une merveilleuse école de confession chrétienne, mais elle est située à vingt-cinq minutes de route. Pour nous y rendre, nous empruntons une autoroute achalandée à huit voies, quatre dans chaque direction. C'était un matin comme les autres et nous bavardions comme à l'habitude. C'est alors que nous avons vu…

Faisons ici une pause pour un bref retour en arrière. Comme je le disais précédemment, j'étais un soutien de famille tout ce qu'il y a de plus classique. Et puisque j'estimais m'acquitter formidablement bien de ce rôle, j'entretenais cette croyance erronée que ce statut m'autorisait à acheter à peu près tout ce que je voulais.

Je suis un homme dans le plus pur sens du terme. Tout ce qui a un moteur m'attire. Plus ce moteur est gros et plus je le désire. Et si en plus d'un gros moteur, le tout a l'air cool, je me l'offre. Je possédais donc une magnifique motocyclette noire de type «chopper». Dernière d'une lignée de motocyclettes que j'avais acquises au fil des ans, c'était mon trophée. Une moto de dur à cuire. Dès que je la démarrais, le grondement se répercutait sur les murs du garage, et l'odeur d'essence faisait naître en moi une joie indicible. C'était thérapeutique. La moto avait un aspect aussi rebelle que le son qu'elle produisait. Elle faisait tourner les têtes sur son passage. « N'aime rien qui ne puisse t'aimer en retour»; ce proverbe est probablement vrai, mais cette moto était du genre à le faire mentir.

De retour au trajet vers l'école. Nous roulions sur l'autoroute à une vitesse d'autoroute. Même si la circulation était dense, les véhicules les plus lents roulaient quand même à plus de 100 km/h. Lorsque nous avons jeté un coup d'œil sur les quatre voies dans l'autre direction, nous avons eu l'impression d'une mer qui se séparait en deux. Automobiles, camions et semi-remorques bifurquaient vers la voie de droite ou celle de gauche, comme si tout le monde voulait éviter les deux voies du centre.

Dans cet espace ainsi libéré, on ne voyait que des étincelles. Une fois plus près, nous avons aperçu une motocyclette cabossée qui venait de faire un tête-à-queue avec le moteur qui tournait encore. Immédiatement derrière, il y avait un homme en train de glisser sur le bitume, les bras en l'air, comme s'il voulait empêcher les voitures de lui rouler sur le corps. Même si cela n'a duré qu'une fraction de seconde, on aurait dit qu'une année tout entière venait de s'écouler.

On aurait pu entendre une mouche voler dans la voiture.

D'aussi loin que je me souvienne, ma famille avait fait des pressions pour que je vende ma motocyclette. J'avais refusé en prétextant toujours la même chose: « J'apporte l'argent à la maison, je peux acheter, et faire, tout ce que je veux. » Je n'avais pas l'impression de pécher par égoïsme.

Mais j'étais égoïste. Je ne pensais qu'à moi. Je ne m'étais jamais vraiment arrêté aux conséquences s'il m'arrivait ce qui est arrivé à ce motocycliste ce jour-là. Quatre enfants orphelins de père et une super-épouse veuve.

Pendant que les véhicules d'urgence se précipitaient vers le lieu de l'accident, ma fille aînée a dit: « Maintenant, papa, vas-tu la vendre, ta moto?» Je suis resté silencieux. Après avoir déposé les enfants, je suis rentré à la maison, j'ai immédiatement vérifié la valeur marchande de ma moto sur le site *Craiglist,* puis je l'ai mise en vente avec un rabais de 3 000 $ sur ce prix. Je voulais la vendre rapidement avant que je change d'idée. Le soir venu, elle ne m'appartenait plus.

Être témoin d'un accident de motocyclette a été l'événement qui a conclu ce chapitre égoïste dans mon rôle d'époux et de père. Cela m'a poussé à voir plus loin que mon unique rôle de soutien de famille et à adopter une perspective plus large afin de tenir compte des besoins de ma famille tout entière au moment de prendre de grandes décisions. Je me suis mis à la recherche de moyens de m'améliorer et de progresser. Cette quête m'a mené à Man Camp.

J'avais fini par accepter (après une très légère opposition de ma part) de quitter la ville et la douceur du foyer pour aller à Man Camp, une retraite parrainée par mon église et destinée exclusivement à des hommes. Je renonçais non seulement à mon confort de base (lire télé, Internet et air climatisé, *etc.*), mais aussi à ma zone de confort en lien avec mes croyances religieuses.

J'essaie de ne jamais porter de jugements trop hâtifs ou, pour être plus précis, de ne pas entretenir des préjugés. Toutefois, il serait malhonnête de ne pas vous avouer que j'avais des préjugés sur ce à quoi ressemblerait un camp parrainé par une église. J'imaginais un type en bermuda de couleur kaki, polo de golf rentré dans son bermuda, chaussettes noires et espadrilles, et, pour couronner le tout, ceinture brune autour d'un ventre protubérant.

Puisque je suis plutôt du genre planche de surf, moto, tee-shirt, casquette de baseball et tongs aux pieds, j'étais persuadé que je serais incapable de m'intégrer au groupe. J'entretenais non seulement des préjugés sur le plan de l'apparence, mais aussi des attentes et des personnalités. Je m'attendais à participer à un rassemblement d'évangélistes un peu lourdauds avec lesquels je n'aurais aucune affinité.

J'ai toujours un peu honte d'admettre que j'ai tort. Et cette fois, c'était le cas. Entièrement tort.

Ce sont des hommes que j'ai rencontrés à Man Camp. De vrais hommes. Non pas des hommes conformes aux stéréotypes que la culture nous impose. Des hommes authentiques qui se soucient de leurs valeurs, de leur conjointe de leurs enfants, de leur communauté et de l'héritage qu'ils laisseront.

À Man Camp, j'ai appris trois choses:

1. **Un homme authentique est un homme humble.**

   Humilité n'est pas synonyme de faiblesse. C'est une confiance, mais une confiance discrète. Ce n'est pas s'attribuer le mérite des bons coups. C'est aider à porter le fardeau du blâme. Cette vraie masculinité existe. Je l'ai constatée chez les participants du Man Camp.

2. **Un homme authentique pardonne.**

   Il pardonne à ceux et celles qui l'ont offensé et, plus important encore, il se pardonne à lui-même pour ses lacunes et ses échecs.

3. **Un homme authentique veut laisser un héritage.**

   À l'époque où je me considérais comme un soutien de famille dans le sens classique du terme et où je réfléchissais à l'héritage que je laisserais à ma famille, je pensais surtout à l'argent légué par testament. Les participants au Man Camp désirent laisser un héritage plus profond et plus noble. Ils consacrent temps et énergie à la préparation de la prochaine génération d'hommes afin de leur transmettre leurs valeurs fondamentales, leur morale et leur éthique.

Man Camp m'a permis de découvrir ce qu'est un homme authentique. Ce séjour a modifié de manière permanente ma définition d'un homme. J'ai rencontré des hommes qui sont les guides spirituels de leurs familles, et je voulais être comme eux. J'ai pris conscience que j'avais échoué dans ce rôle auprès de ma propre famille, et il est devenu évident que je devais m'améliorer sur ce point. Puisque mon fils âgé de dix-huit ans avec qui j'ai fait une randonnée en montagne m'a dit que c'était une expérience qu'il souhaitait revivre, je suppose que je suis sur la bonne voie.

• Conseils pour une OolaFamille

1. Amour

L'amour est magnifique et essentiel pour mener une OolaVie. Donnez de l'amour et accueillez-le. Pardonnez les offenses. Acceptez le pardon que l'on vous accorde. Lâchez prise lorsque nécessaire, par exemple lorsque les enfants quittent le nid familial pour voler de leurs propres ailes. Veillez à garder l'amour pur et inconditionnel, sans dysfonctions. L'amour pur vous propulse vers Oola; l'amour toxique vous en éloigne.

2. Leadership

Peu importe votre rôle dans la famille, donnez l'exemple. Guidez-la d'une manière qui incite les autres à toujours faire mieux. Être un leader est une grande responsabilité, mais aussi un grand honneur.

3. Engagement

Engagez-vous envers votre famille. Ne restez pas passif. Soyez actif et engagez-vous dans les activités familiales. Des relations familiales saines vous propulsent vers Oola. Des relations familiales toxiques sont un obstacle. Y mettre du vôtre et jouer un rôle actif dans votre famille, c'est investir dans la vie de vos rêves.

Chapitre 6

OolaTravail

Aimez ce que vous faites ou faites autre chose.

☛ ***Le meilleur conseil que je puisse donner en matière de travail, c'est de rester concentré et de continuer d'aller de l'avant.***

— JYGA

OolaTravail porte sur votre occupation ou votre vocation dans la vie. C'est à cette chose que la plupart des gens consacrent un tiers de leur temps pendant leur vie active. Si vous êtes un parent à temps plein à la maison, ce pourcentage grimpe à 100 pour cent.

Il existe deux catégories dans OolaTravail : 1) l'emploi que vous occupez ; 2) l'emploi dont vous rêvez. La plupart d'entre nous ont un emploi. Beaucoup d'entre nous aspirent à l'emploi de leurs rêves. Quelques-uns ont la chance d'y arriver.

Un emploi vous permet de payer les factures. Ce n'est pas nécessairement ce qui vous passionne, mais ça met du pain sur la table.

L'emploi de vos rêves est ce à quoi vous aspirez. Si l'argent n'avait aucune importance, qu'aimeriez-vous faire? À quoi vous sentez-vous appelé? Pour certaines personnes, c'est lancer leur propre affaire, alors que pour d'autres, c'est écrire un roman, rester à la maison avec les enfants, être médecin ou même devenir pompier.

Dans son livre *Quitter*, Jon Acuff parle de la tension que beaucoup d'entre nous ressentent entre l'emploi qu'ils occupent et l'emploi de leurs rêves – l'écart entre ce que vous *devez* faire et ce que vous *adoreriez* faire. Il vous encourage à quitter votre emploi pour poursuivre votre rêve, mais une condition est requise: avoir un plan.

Nous connaissons tous des gens qui ont quitté leur emploi dans un moment de frustration pour entreprendre la carrière dont ils rêvaient, mais sans avoir fait de plan au préalable pour passer de l'un à l'autre. Mauvaise idée.

Il est très Oola de faire ce que l'on aime. Mais d'abord, vous devez, dans l'ordre: 1) déterminer ce que vous aimeriez faire; 2) trouver un moyen d'être payé pour le faire; 3) préparer un plan pour la période de transition. Ne faites jamais le saut entre votre emploi et l'emploi de vos rêves à moins d'avoir un plan solide de transition. Sinon, vous courrez le risque d'affecter sérieusement les autres F d'Oola.

Par ailleurs, si vous ne voyez aucun moyen de vous en sortir, ou si votre emploi actuel vous satisfait, ne vous mettez pas martel en tête. Gagner honnêtement sa vie est très honorable. Et si vous le faites, faites-le avec style.

Voici une vieille fable à propos de trois tailleurs de pierre. Les trois hommes travaillaient dans une carrière à tailler de la pierre. Un jour, un visiteur entre dans la carrière, s'approche du premier tailleur et lui dit: «Qu'êtes-vous en train de faire?»

L'air courroucé, le tailleur de pierre répond: «Que voulez-vous dire? Ne voyez-vous pas ce que je suis en train de faire? Je taille de la pierre. J'arrive tôt le matin et je repars le soir. Toute la journée, j'utilise ce pic pour tailler la pierre.»

Le visiteur s'approche du second tailleur de pierre et dit: «Puis-je vous poser une question? Qu'êtes-vous en train de faire?»

Après avoir essuyé la sueur de son front, le second tailleur de pierre répond: «Vous voulez savoir ce que je suis en train de faire? Je paie mes factures. Voilà ce que je suis en train de faire. J'ai des bouches affamées à nourrir, une hypothèque à payer, des vêtements à acheter. Je suis ici pour payer mes factures.»

Le visiteur s'approche du troisième tailleur de pierre et dit: «Puis-je vous poser une question? Qu'êtes-vous en train de faire?»

Comme son collègue, le tailleur essuie la sueur sur son front, prend son pic et pointe au loin en direction d'un chantier de construction. «Vous voulez savoir ce que je suis en train de faire? Je participe à la construction d'une cathédrale.» L'œil pétillant, il esquisse un sourire et ajoute: «C'est dans cet édifice qu'un évêque pourra nous enseigner tout ce qu'il sait et des vies seront transformées.» Après un bref silence, il dit: «Vous voulez savoir ce que je suis en train de faire? Je change des vies pour les générations à venir.»

Occuper l'emploi de ses rêves (avec un plan) est très Oola. Dans le cas contraire, faire un travail honnête avec panache, comme le fait le troisième tailleur de pierre, est aussi très Oola.

En matière d'occupation, mettez-vous au service des autres et les autres se mettront à votre service.

OolaChercheur
Les moments clés

La vie est remplie de tant de souvenirs et d'expériences vécues qu'il est impossible de les dénombrer. Or, j'ai entendu dire qu'à la fin de votre vie, il n'y aura que trois événements majeurs qui auront réellement changé et défini le cours de votre existence. Ces événements peuvent être négatifs ou positifs. Ce sont habituellement les conséquences de choix faits à l'intersection d'une route ou au gré des circonstances. Par exemple, vous obtenez une promotion, mais vous devez déménager dans un autre pays. Vous optez pour le déménagement, ce qui vous conduit à la rencontre de l'amour de votre vie, au mariage, aux enfants et à tout ce qui accompagne la fondation d'une famille et le début d'une nouvelle existence. Les gens que vous rencontrez, les restaurants que vous fréquentez, les bons jours et les mauvais jours sont tous des conséquences de votre décision de déménager. Puis, un jour, plusieurs années plus tard, vous êtes victime d'un accident de la route qui vous laisse paralysé. Cet événement majeur est un autre moment clé qui transforme vos perspectives d'avenir et débouche sur une vie entièrement différente.

Bon nombre d'anecdotes personnelles que vous lirez dans ce livre se sont produites lorsque j'avais atteint le fond du baril – l'époque où j'ai donné un coup de fil au OolaGourou. Deux raisons expliquent pourquoi je reviens sur cet épisode de ma vie. La première repose sur mon impression que plusieurs d'entre vous lisent ce livre parce qu'ils aspirent à davantage dans leur vie, et je veux vous montrer que peu importe où vous êtes présentement, vous méritez non seulement une OolaVie, mais vous possédez également la capacité d'y parvenir.

La seconde raison est que l'un des moments clés dans ma vie est survenu ce soir-là au motel, lorsque j'ai appelé l'OolaGourou, un événement qui a changé à jamais le cours de mon existence et qui a remis Oola à ma portée. Alors que j'écris ces lignes et que je réfléchis, je revois les circonstances qui m'ont mené à ce chalet au bord du lac dans le nord de l'État du Minnesota.

Le feu de foyer réchauffe l'air frais de la pièce et le chant apaisant des huards semble accompagner la musique de Tyrone Wells qui joue en sourdine. «Suis-je un auteur, oui ou non?» À en juger par la tasse de café et l'écran d'ordinateur noirci de mots, cela en a toutes les apparences. C'est un peu irréel.

Je récapitule le cours des événements. Si j'avais choisi un motel différent, serais-je encore au fond du baril? Pourquoi ce type a-t-il été arrêté? Avais-je déjà rencontré cette personne par hasard, à la station-service, au restaurant ou peut-être même à mon entreprise? Tout ce dont je suis sûr, c'est que la combinaison saisissante des cris des policiers, du bruit sourd de la porte enfoncée avec un bélier et des gyrophares des voitures de police, dont les rayons traversaient les rideaux bas de gamme de la chambre pour arriver droit dans mes yeux endormis, m'a réveillé et a déclenché dans mon cerveau un besoin urgent d'agir et d'apporter des changements. J'aimerais pouvoir remercier le type qui a été arrêté ce soir-là pour sa participation à ce moment clé de ma vie. Et, peut-être, à ce qui sera un moment clé pour vous.

Les vingt-quatre heures qui ont suivi cet appel téléphonique ont été l'équivalent d'une «année de chien» (une année humaine est égale à sept années pour un chien). Dit autrement, ce moment a semblé durer une éternité. J'ai mis à exécution un plan qui, même s'il semblait très difficile à concrétiser à l'époque, m'a mené là où je suis aujourd'hui – un endroit où ma vie est plus équilibrée et en progression. Le matin suivant, après l'Appel, j'ai pris ma voiture pour aller dans les montagnes afin de faire lucidement le point sur ma situation. J'ai dessiné ma propre OolaRoue (que vous découvrirez au chapitre 24) dans un cahier de notes brun clair, et je l'ai remplie en toute honnêteté. Il n'y avait que des deux et des trois (un mauvais résultat) et je me rappelle m'être dit: «Eh bien, au moins, c'est équilibré.»

Dès que j'ai bien précisé là où je me situais, je me suis lancé dans mon OolaPlan (chapitre 25) et dans ma OolaVoie (chapitre 26). Au bout d'une longue matinée, j'avais terminé: un plan cou-

ché sur le papier qui décrivait en détail ce que je devais faire pour retrouver ma OolaVie. Puis j'ai déclaré à voix haute (et sur un ton sarcastique): «Si ça fonctionne, je vais consacrer ma vie à améliorer notre monde et à lui expliquer ce qu'est Oola.» Pour faire une histoire courte, j'ai commencé à planifier une réorientation graduelle de ma carrière dans le but de travailler à temps plein pour Oola.

☛ ***Suivre votre passion et la transformer en une carrière n'a jamais été autant à votre portée que maintenant.***

Suivre votre passion et la transformer en carrière n'a jamais été autant à votre portée que maintenant. Par exemple, supposons que vous menez une existence dans la moyenne dans une ville d'un million d'habitants et que les orchidées sont votre passion secrète. Vous avez toujours hâte de quitter le travail et de rentrer à la maison pour vous occuper de vos orchidées. Vous lisez sur le sujet et vous cherchez sans cesse de meilleures méthodes pour les cultiver et en prendre soin. C'est ce qui occupe vos pensées et c'est ce à quoi vous aimeriez consacrer votre vie. Revenons maintenant quinze années en arrière. Pour quitter votre emploi et amorcer une carrière dans les orchidées, il vous aurait fallu louer un local dans un endroit approprié pour ouvrir la parfaite boutique spécialisée dans les orchidées. Vous auriez dû également investir une bonne somme d'argent dans le positionnement et la commercialisation de votre boutique. Votre marché aurait eu un rayon de 5 à 10 km et aurait compté trois personnes qui aiment les orchidées autant que vous, et une des personnes aurait été votre sœur. Vous auriez pris conscience qu'il vous faudra vendre beaucoup d'orchidées pour survivre, et vous en seriez arrivé à la conclusion que vous devrez vous diversifier ou mettre la clé dans la porte.

Aujourd'hui, le monde est plus petit grâce à la technologie, et les possibilités sont infinies. Aujourd'hui, votre marché ne se limiterait plus au cercle qui entoure votre boutique et dont le rayon est de 5 à 10 km. Votre marché serait composé de quiconque possède un ordinateur ou un téléphone intelligent – ce qui fait beaucoup de personnes. Vous pourriez tenir un blogue sur votre passion pour les orchidées, trouver d'autres passionnées comme vous sur Twitter et vendre des orchidées partout dans le monde, non seulement pour faire de l'argent, mais parce que vous aimez vraiment les orchidées.

Vous trouvez que cet exemple est un peu tiré par les cheveux? C'est pourtant l'histoire véridique d'une vraie personne qui aime vraiment les orchidées et qui gagne sa vie en partageant avec le monde sa passion pour les orchidées. En matière d'OolaTravail, mon parcours est similaire à celui de l'homme aux orchidées. J'ai travaillé sur ma carrière très fort à chaque jour, puis, une fois les enfants au lit, je me suis attelé à ma véritable passion: Oola.

J'ai commencé à élaborer un plan pour faire connaître Oola partout dans le monde… ou plutôt pour déclencher une OolaRévolution. Il m'a fallu deux années de patience et de nuits écourtées, mais au bout de cette période, une entreprise était née. Les gens portaient des chapeaux et des tee-shirts Oola, des corporations recevaient une formation sur les principes d'Oola au travail et des entreprises nous contactaient pour obtenir des droits de licence pour associer leurs produits en lien avec le style de vie Oola. Ce qui avait commencé avec un mot et une passion personnelle était devenu une entreprise multimillionnaire axée sur la vie moderne.

C'est un peu à contrecœur que je vais partager avc vous l'énoncé de mission que j'ai entré dans mon téléphone cellulaire il y a deux ans et que je relis chaque matin et chaque soir. Seulement quatre personnes ont vu les mots suivants avant la publication de ce livre. Cet énoncé de mission est écrit sous la forme «Être. Faire. Avoir» Autrement dit, ce que je veux être; ce que je dois faire; ce que je posséderai quand j'aurai terminé.

> ***Être.*** *Un chef de file, un visionnaire, un pédagogue, un artiste et un propagateur de Oola partout dans le monde.*
>
> ***Faire.*** *Toujours exprimer ma gratitude pour toutes les expériences vécues pendant mon cheminement – expériences passées, présentes et à venir. Toujours faire des choix fondés sur*

l'amour, l'intégrité et la poursuite constante du but que je me suis fixé dans la vie. Toujours savoir que je possède déjà les connaissances et la sagesse requises pour avoir une OolaVie, et offrir à chacun la possibilité de faire de même.

Avoir. *La possibilité, autant pour moi que pour mes enfants, d'aller partout dans le monde et de profiter de l'inspiration divine.*

Ce simple énoncé de mission m'a permis de passer à travers mes innombrables nuits de travail. Il m'a aidé à prendre des décisions délicates afin de garder l'entreprise sur la bonne voie. Il m'a donné le courage de tout vendre pour faire, après mûre réflexion, un saut soigneusement planifié vers un Oola à temps plein. De faire un pas de plus vers une OolaVie!

OolaGourou
Un lieu inconnu de tous

J'ai eu toutes sortes d'emplois: des emplois pour gagner ma croûte et des emplois de rêve. J'ai même eu un emploi situé quelque part entre les deux.

J'ai eu un tas d'emplois pour gagner ma vie. Livreur, commis dans une boutique de cadeaux d'un hôtel, journalier dans une usine, pour ne donner que quelques exemples. Il y a des emplois que j'ai aimés, d'autres que j'ai tolérés et d'autres que j'avais hâte de quitter. Je me suis toujours efforcé de faire de mon mieux, car je croyais en la dignité d'un travail honnête et parce que je savais que ce n'était que des tremplins vers autre chose, quelque chose de plus important, quelque chose de mieux.

Pendant dix-sept années, j'ai possédé ma propre entreprise dans ma ville natale. J'ai adoré l'expérience. J'ai rencontré beaucoup de gens intéressants et plusieurs sont encore aujourd'hui des amis proches. Cette période m'a permis d'apprendre une chose à propos de moi-même: mon travail de rêve est d'aider les autres.

J'aime aider les gens. J'aime créer, construire et faire croître quelque chose. C'était amusant de créer une entreprise et de la voir grandir. Cependant, avec le temps, je me suis lassé de la paperasse. Toujours plus à remplir, année après année. Une fois arrivé au point où je passais plus de temps avec la paperasse qu'avec des personnes en chair et en os, le moment était venu de passer à autre chose. C'est ainsi que j'ai conclu le chapitre à propos de cet emploi qui se situait à mi-chemin entre l'emploi de mes rêves et un emploi ordinaire.

Je ne suis pas du genre à rester entre quatre murs et j'ai un penchant naturel pour l'aventure. Comme on finit toujours par trouver ce que l'on cherche, j'ai eu en 1999 la possibilité d'ouvrir une succursale de mon entreprise – mon emploi pour gagner ma vie – à Dubaï afin de l'exploiter dans cette région du monde. Cette proposition était conforme à mes valeurs, c'est-à-dire enseigner ce que je sais à d'autres personnes.

Cette occasion m'a permis d'avoir un impact non pas sur une seule personne, mais sur une région tout entière. C'était en 1999, avant même que le monde apprenne l'existence de Dubaï et c'était sympa… En plein dans mes cordes. Encore aujourd'hui, je suis toujours engagé dans ce projet.

Malgré le côté grisant de cette aventure, nous avions le mal du pays. Nos enfants grandissaient et nous voulions qu'ils reçoivent leur éducation aux États-Unis. Nous sommes rentrés. Comme j'étais toujours propriétaire de mon entreprise en sol américain, j'ai constaté que la paperasse avait une fois de plus augmenté. Heureusement, comme nous étions indépendants de fortune, nous avons été en mesure d'évaluer nos options.

Mon épouse et moi assistions à une réception de mariage et nous étions assis en compagnie de ma nièce et de son conjoint qui étaient venus de Phœnix pour participer à l'événement. Nous avons discuté du prix dérisoire des maisons dans leur secteur. C'était en 2008, au creux de la grande récession. Puisque j'aime l'immobilier et que je m'y étais intéressé de plus près au fil des ans, je me suis dit que ma nièce ne savait pas vraiment de quoi elle parlait. Je suis natif du Midwest et je suis toujours à la recherche de moyens d'échapper aux rigueurs de l'hiver. Quelques années auparavant, j'avais tâté le terrain pour acheter quelque chose à Phœnix, mais c'était hors de prix.

Toutefois, une fois la réception terminée, il ne m'a fallu que dix minutes de recherches sur Google pour comprendre que ma nièce avait raison. J'ai pris un vol quelques jours plus tard. Direction Arizona.

Notre ligne de conduite financière est simple: si nous avons suffisamment d'argent, nous pouvons envisager de faire un achat; sinon, nous passons notre tour. Nous attendons que nos économies nous le permettent.

Sauf que ce voyage était de la pure folie. Des maisons qui valaient 1 000 000 $ il y avait à peine deux ans en valaient maintenant 350 000 $. J'ai interprété le tout comme un signe. Sur le vol de retour, j'ai fait une offre d'achat ridiculement basse pour une maison entièrement meublée. Je n'avais aucune attente quant à son acceptation ou non. Après tout, il ne s'agissait que d'un voyage de reconnaissance. Mon épouse et mes enfants n'avaient même pas vu la demeure en question.

Les vendeurs ont accepté mon offre. Cela voulait dire que nous allions déménager. Dans un exemple typique de l'appui incroyable et inconditionnel de ma famille, tous ont embarqué dans l'aventure.

J'ai vendu mon entreprise et nous avons déménagé.

Ça y était! J'avais réussi. Quarante-deux ans, à la retraite et libéré de tout souci. J'allais jouer au golf, voyager, m'entraîner, aller au restaurant. L'incarnation même du rêve américain!

Incroyable, n'est-ce pas? Or, cela n'a duré qu'un temps. Je n'étais pas malheureux; la vie était agréable. Mais je sentais un manque d'équilibre. Mon OolaTravail était à un niveau bas. À quel point? L'été qui a suivi la vente de mon entreprise, j'étais assis sur le quai en train de lire le livre à succès de Tim Ferriss intitulé *The 4-Hours WorkWeek*. Mon frère est arrivé à côté de moi et après avoir jeté un coup d'œil sur le titre du livre, il a dit avec sa pointe sarcastique habituelle: «Des plans pour travailler davantage?»

J'avais besoin d'avoir un but. J'avais besoin d'utiliser mes aptitudes au bénéfice des autres... d'une manière ou d'une autre.

Depuis 1997, par intermittence, nous sommes un groupe de personnes qui se retrouvent pour une session d'OolaPlanification, question d'élaborer nos stratégies à long terme.

Cet hiver-là, nous nous sommes rencontrés à Vegas. C'est alors que l'*OolaChercheur* m'a pris à part. Depuis un certain temps déjà, il avait retrouvé son Oola et j'étais excité d'en savoir davantage sur ses bons coups pour vérifier, encore une fois, si nos principes donnaient des résultats. Il m'a proposé de partager ce que nous savions avec le reste du monde. J'étais déjà convaincu dès le mot «Allô!».

À l'intérieur de nous se niche un désir profond – le but que nous poursuivons dans la vie. Par expérience, je savais que mon emploi de rêve consistait à créer, construire et grandir. Professionnellement, rien ne me comble davantage que de le faire pour une multitude de personnes dans le domaine qui me passionne: aider les autres à trouver un équilibre et à progresser dans leur vie, et aider le monde à atteindre Oola. Je sais que cette mission m'inspire. Me donne un surcroît d'énergie. Comme si le temps était suspendu.

J'aime encore m'entraîner, jouer au golf et voyager. Mais ce jour-là à Vegas en compagnie du OolaChercheur, j'ai renoué avec mon emploi rêvé, c'est-à-dire aider le monde à découvrir l'OolaVie... mais le faire en bermuda et en tongs, de manière anonyme, à partir d'un lieu inconnu de tous.

• CONSEILS POUR L'OOLATRAVAIL

1. Aimer ce qu'on fait ou faire autre chose

Il y a une grande noblesse dans le travail honnête. Si vous avez un emploi, faites preuve de gratitude et travaillez avec style. Sinon, démissionnez. Qui sait? Il est possible que vos efforts attirent l'attention et vous valent une promotion. Si votre emploi ne vous apporte aucune satisfaction, mais qu'il demeure un tremplin vers l'emploi de vos rêves, pas de problème. Nous vous encourageons à progresser en ce sens, mais avec un plan. Ne faites pas le grand saut à moins d'avoir assuré vos arrières financièrement parlant.

2. Rester pertinent

Les temps changent, tout comme le marché de l'emploi. Pour avancer, vous devez rester à jour. Comme au hockey, patinez vers l'endroit où ira la rondelle et non vers l'endroit où elle se trouve. Qu'il s'agisse de l'emploi de vos rêves ou non, regardez toujours vers l'avant.

Faites des lectures, trouvez un mentor, apprenez, progressez. Vous pourrez ainsi mieux asseoir votre situation actuelle, ce qui vous ouvrira de nouvelles portes.

3. Servir

Peu importe ce que vous faites, faites-le avec la perspective de servir les autres. Pensez à la fable des trois tailleurs de pierre. Ils faisaient exactement la même chose, mais avec des perspectives complètement différentes. Si les trois hommes recevaient le même chèque de paie, le tailleur de pierre qui pensait être en train de changer des vies et de servir les autres rentrait chez lui chaque soir avec le sentiment du devoir accompli. Soyez comme le troisième tailleur de pierre.

Chapitre 7

OolaValeurs

Voir plus loin que le bout de son nez.

☛ ***Avoir la foi, c’est comme monter la première marche sans voir l’escalier au complet.***

— MARTIN LUTHER KING JR.

On définit la foi comme une confiance totale en quelqu’un ou en quelque chose. Cette croyance affirmée en Dieu ou envers les préceptes d’une religion est fondée sur une prise de conscience spirituelle, et non sur une preuve. La foi est votre objectif de vie et comprendre quelle est votre place dans ce monde est quelque chose à explorer pour atteindre Oola.

On dit qu'il y a deux sujets qui divisent: 1) la politique et 2) la foi. Ce livre ne parlera pas de politique (parce que le sujet nous ennuie et qu'il est possible d'avoir une OolaVie sans politique), mais il nous est impossible de ne pas parler de la foi. En effet, comprendre où vous vous situez dans ce monde est nécessaire pour avoir une vie en équilibre et en progression.

OolaChercheur
Le combat

Du fond de mon cœur, j'ai toujours cru que mon objectif de vie avait été inspiré par Dieu. Placer ma vie entre les mains de Dieu ne me pose aucun problème et je suis très reconnaissant d'entretenir cette foi dans mon cœur. Cependant, dès qu'arrive le moment de me m'en remettre à elle, j'ai tendance à me retirer à l'intérieur de ma tête et à tout remettre en cause. Je pense qu'il en va de la nature humaine de trop réfléchir à notre vie, à nos décisions et à nos objectifs. L'histoire suivante que j'ai entendue il y a plusieurs années décrit bien comment il est possible de jeter un pont entre le cœur et la tête.

☛ ***Il en va de la nature humaine de trop réfléchir à notre vie, à nos décisions et à nos objectifs***

Un professeur d'université pose à ses étudiants la question suivante: « Est-ce que Dieu a créé tout ce qui existe ? »

Beaucoup d'étudiants répondent: « Oui, Dieu a créé tout ce qui existe. »

Le professeur pose alors une autre question: « Si Dieu a tout créé comme vous le prétendez, Il a aussi créé le mal, car le mal existe. Conformément au principe selon lequel notre travail défi-

nit ce que nous sommes, Dieu est le mal.» L'auditorium reste silencieux.

Puis un étudiant finit par lever la main et dit: «Professeur, je veux vous poser une question. Est-ce que le froid existe?»

Le professeur lui répond: «Quelle drôle de question! Bien sûr que le froid existe.»

Le jeune homme rétorque: «En fait, monsieur, le froid n'existe pas. Conformément aux lois de la physique, ce que nous percevons comme le froid est en fait l'absence de chaleur. Le zéro absolu (-273,15 degrés Celsius) est l'absence totale de chaleur; à cette température, la matière devient inerte et est incapable de toute réaction. Le froid n'existe pas. Nous avons créé ce mot pour décrire comment nous nous sentons quand il n'y a pas suffisamment de chaleur.»

L'étudiant pose une autre question: «Professeur, est-ce que la noirceur existe?»

Le professeur répond: «Bien sûr qu'elle existe.»

L'étudiant réplique: «Vous vous trompez encore. La noirceur n'est que l'absence de lumière. Il est possible d'étudier la lumière, mais non la noirceur. Comment mesure-t-on à quel point une pièce est sombre? Par la quantité de lumière présente. La noirceur est un mot utilisé par l'homme pour décrire ce qui se produit lorsqu'il n'y a pas de lumière. Par conséquent, professeur, est-ce que le mal existe?»

Maintenant hésitant, le professeur a répondu: «Bien entendu que le mal existe. Je le constate chaque jour. Les meurtres, les guerres, les crimes et simplement le traitement inhumain infligé à l'homme par l'homme prouvent que le mal existe. Ces manifestations ne sont rien d'autre que le mal.»

L'étudiant l'interrompt: «Le mal n'existe pas, monsieur. Le mal est simplement l'absence de Dieu. Tout comme la noirceur et le froid. C'est simplement un mot créé pour décrire l'absence de Dieu. Dieu n'a pas créé le mal. Le mal n'est pas comme la foi ou l'amour, qui existent comme la lumière et la chaleur existent. Le mal est le résultat de ce qui se produit lorsque l'homme n'a pas foi en l'amour de Dieu présent dans son cœur. C'est comme le froid qui indique l'absence de chaleur et la noirceur qui indique l'absence de lumière.»

Sur ce, le professeur reste sans mot et perplexe. Quant à cet étudiant, il s'appelait Albert Einstein.

Qu'elle soit vraie ou non, cette histoire me rappelle de conserver la foi dans mon cœur, car elle est impossible à comprendre pour ma tête. Je continue à travailler fort avec ma foi et je me suis engagé à améliorer sans cesse cet aspect clé de ma vie.

OolaGourou
Finir en force

Dans ma biographie, sous la catégorie OolaValeurs, j'ai écrit: «Si je ne suis pas encore l'homme que je veux être, je ne suis plus l'homme que j'étais. Merci, mon Dieu.» Ces mots résument parfaitement où je suis rendu dans mon cheminement personnel au sujet de la foi. À mon arrivée dans la vie adulte, tout est allé vite. C'était excitant et amusant. Études, mariage, carrière, enfants, voyages... c'étaient des années captivantes. J'éprouvais de la gratitude pour toutes les bonnes choses qui m'arrivaient, mais cette gratitude... m'était destinée. J'étais humble à l'extérieur, mais à l'intérieur, je m'accordais tout le mérite. Je me lançais à la conquête de tous les objectifs d'ordre matériel fixés autant par la société que par moi-même. Le problème, c'est que je me concentrais tellement sur les grands moments qu'il m'arrivait d'oublier les plus petits – spectacles, rencontres et même les anniversaires. Certes, je me tirais très bien d'affaire, mais je pouvais faire mieux.

Je justifiais mon absence, qu'elle fût physique ou mentale, par le fait que je m'acquittais bien de mon rôle de pourvoyeur. Je rapportais à la maison un imposant chèque de paie.

Mon épouse est fantastique. Et elle devient de plus en plus vive d'esprit avec les années. En fait, son intelligence est la même; c'est plutôt moi qui en mesure de plus en plus l'étendue et qui apprécie davantage sa sagesse. J'étais occupé à rapporter les chèques de paie et elle s'occupait de la maisonnée. Elle le faisait par choix et avec amour, mais recevait peu de reconnaissance en retour. J'étais celui qui était sous les feux de la rampe. Elle était celle qui tenait tous les morceaux en place, et toujours avec le sourire.

J'avais mes hauts et mes bas. Elle était d'humeur égale. Si on lui posait la question, elle répondait volontiers que Dieu était sa pierre d'assise. Plus jeune, j'aurais hoché la tête avec un sourire en signe d'approbation, mais intérieurement, j'aurais ricané: «Vraiment? Tu as la foi à ce point-là?»

Malgré mon sourire de façade, j'étais persuadé que ma façon de voir les choses était la bonne et que la sienne était… charmante. J'ai continué à acheter des trucs chouettes, à vivre des expériences chouettes et à rencontrer des personnes chouettes. Quant à elle, à la maison avec les enfants, elle semblait sincèrement satisfaite de son sort. J'avais une bonne vie, mais si je voulais poursuivre ma quête vers l'équilibre et la progression, je savais que je devais explorer ma foi. Je sentais qu'il manquait quelque chose. Mon Oola était bon, mais il pouvait être mieux. La foi était, et est encore, mon assiette vacillante. J'entendais parler de Dieu de temps à autre, mais je n'avais jamais pris le temps de le connaître. La foi était assurément le F d'Oola sur lequel je devais travailler le plus. J'y ai consacré le gros de mon attention au cours des cinq dernières années.

Tout ce que ma propre expérience me permet d'affirmer est que ma progression sur le plan de la foi a un impact positif sur mon niveau de satisfaction et sur ma compréhension de mon but dans ce monde. En résumé, je me sens petit… mais d'une bonne façon.

Certes, en matière de foi, je ne peux pas dire que je sois parti sur les chapeaux de roue. J'ai cependant l'intention de finir en force. Et soit dit en passant, je ne rate plus aucun de ces petits moments.

• CONSEILS POUR DES OOLAVALEURS

1. Ne pas attendre

Faites preuve d'ouverture d'esprit au sujet de la foi. Écoutez les autres, apprenez et explorez le sujet. N'attendez pas d'être confronté à une crise majeure avant de chercher des réponses aux «Pourquoi» de la vie. Faites preuve de suffisamment d'humilité pour admettre que les autres peuvent avoir quelque chose à vous apprendre sur le sujet.

2. Joindre les rangs

Dès que votre cœur vous dit de trouver une église, une communauté spirituelle, un blogue, un livre ou un petit groupe de personnes qui cherchent, comme vous, à faire grandir leur foi, joignez les rangs. Participez à tout ce qui vous semble approprié.

3. Donner

Rien n'est plus Oola que donner. Pendant que vous explorez votre foi et que vous joignez les rangs d'un groupe, trouvez un endroit où donner. Ce n'est pas obligatoire que ce soit de l'argent; vous pouvez faire don de votre temps ou de vos talents. Donner de manière inconditionnelle permet d'entrevoir tout le bien qui existe dans ce monde. Il est presque impossible de ne pas grandir dans la foi lorsque vous donnez avec pureté.

Chapitre 8

OolaRelations

Virtuel ou réel… Faites le bon choix.

☛ ***Un ami véritable est quelqu'un qui vous laisse la pleine liberté d'être vous-même.***

— JIM MORRISON

Les OolaRelations comportent deux catégories: les amis et les connaissances. Les amis sont vos amis véritables, les personnes avec lesquelles vous vous ouvrez et avec qui vous partagez. Les vrais amis sont des personnes importantes avec qui vous avez tissé des liens au fil des ans, mais qui ne sont pas des membres de votre famille.

Les vrais amis passent l'épreuve du temps. Les vrais amis sont des personnes dont vous connaissez les qualités et les défauts, et qui connaissent les vôtres. C'est par choix que vous maintenez les liens d'amitié qui vous lient à elles. Les vraies amitiés sont précieuses, profondes et durables.

Les connaissances sont quelque chose d'utile et d'agréable. Elles sont habituellement plus nombreuses que les amis, quoique d'une importance moindre. Ce sont les individus avec qui vous interagissez, mais sans entretenir de lien particulier avec eux. On parle ici des camarades de classe, des compagnons et compagnes de travail, des coéquipiers, des voisins, des amis Facebook, des abonnés sur Twitter. De nature plus superficielle, ces relations naissent d'un intérêt mutuel ou au gré des circonstances.

Progresser dans vos OolaRelations n'est pas uniquement synonyme de quantité, mais aussi de qualité. Élargir et améliorer votre base d'amis contribue à votre cheminement vers Oola. En effet, il est agréable de pouvoir compter sur un groupe de personnes à l'extérieur de votre famille en tant que ressources, que ce soit pour vous ouvrir aux autres, pour créer des réseaux ou simplement pour passer de bons moments.

OolaChercheur

Mon sous-vêtement aux motifs zébrés

J'espère que vous avez vu les films Stand by Me, The Sandlot *et* The Goonies *(ou leur version française:* Compte sur moi, Le petit champ *et* Les Goonies*). Sinon, posez ce livre et partez au pas de course vers le club vidéo le plus près, ou connectez-vous à un service en ligne de diffusion continue.*

Ces classiques du cinéma ont pour thème les liens profonds qui vous unissent à vos vrais amis et les souvenirs laissés par les moments vécus en leur compagnie. J'ai beaucoup d'amis virtuels et de connaissances, mais il n'y a que deux personnes avec lesquelles je suis ami depuis toujours et avec qui j'ai vécu ce genre d'expérience qui fait encore naître un sourire sur mon visage, même après vingt ans.

Je pourrais écrire un livre qui porterait uniquement sur l'amitié. Je ne suis pas certain que j'aimerais que mes enfants le lisent, mais je vous assure que ce serait un succès international. Il y serait question de mon meilleur ami à vie dans la moitié des chapitres. À l'école primaire, c'est ce type qui m'a donné l'idée de fracasser avec un fusil les vitres du poulailler de mes parents; au secondaire, il est celui qui a déclenché d'innombrables batailles de pétards avec les gars de la ville. Parmi ses autres exploits, il a découpé le toit de la Ford Galaxy 500 de mon père et au collège, il a défoncé un mur avec une masse pour trouver un endroit où cacher notre bière.

Il s'est aussi attelé à des tâches plus nobles comme servir de garçon d'honneur à mon mariage ou devenir le parrain de mon quatrième enfant. Il a même envisagé un temps d'enfiler la soutane et devenir un prêtre catholique. D'ailleurs, si on compte tous les mauvais coups qu'il a faits pendant l'enfance et l'adolescence, je me disais alors que c'était sa seule chance d'accéder au paradis. Mais il a rencontré sa magnifique épouse avec qui il a fondé une famille. Il est devenu un époux formidable, un père fantastique et il demeure un grand ami.

Si vous êtes un scénariste, lisez les lignes qui suivent; vous y trouverez le matériel qui vous permettra de décrocher un Oscar.

C'était l'été 1989. Chris et moi roulions dans les rues de notre petite localité de 800 habitants à bord de sa Chevy Monte Carlo 1978 rouge cerise,. Avec ses jantes chromées, son arrière légèrement surélevé et les trous percés intentionnellement dans le silencieux pour produire un grondement sourd, la voiture avait tout ce qu'il fallait pour projeter un effet «dur à cuire». Ajoutez à cela les vibrations des chansons d'AC/DC qui résonnaient à l'intérieur et vous pouvez être assuré que je portais ma casquette des Sooners de l'Oklahoma, visière vers l'arrière.

Nous nous disions à quel point notre patelin était ennuyant et à quel point la décision d'annuler le spectacle annuel des feux d'artifice en raison de la sécheresse et des risques d'incendies était de la pure stupidité. Aucun de nous deux n'avait quitté physiquement le Dakota du Nord, sauf que mentalement, le monde nous appartenait. À nos yeux, à cet instant précis, cette ville était le pire endroit où se trouver.

Après avoir roulé pendant quelques kilomètres, nous avons croisé notre copain Mark en train d'écouter tranquillement de la musique dans sa voiture. Aucune collection de cassettes audio n'arrivait à la cheville de la sienne. Il devait avoir trois ou quatre valises de rangement de la taille d'un porte-document qui contenaient des centaines de cassettes, ce qui offrait des possibilités illimitées de choix musicaux. Pour ma part, je ne possédais que trois cassettes: Back in Black d'AC/DC, Slippery When Wet *de Bon Jovi et* Look What the Cat Dragged In *de Poison (que mon père avait essayé de jeter à la poubelle parce qu'il trouvait que, sur la photo du boîtier, les membres du groupe «ressemblaient à des filles aux cheveux longs»).*

Nous nous sommes garés à côté de Mark et tout de suite, nous avons remarqué qu'il n'avait pas sa meilleure mine. Était-ce possible qu'il soit en train de pleurer? Oui, il pleurait. Après avoir hésité entre lui tirer la pipe ou lui demander ce qui n'allait pas, nous avons opté pour la deuxième possibilité et l'avons invité à monter à bord de la Monte Carlo. Il nous a raconté que sa petite amie de longue date venait de rompre. Il était dévasté, et je l'aurais été également. Elle était vraiment sensationnelle pour une fille qui venait d'une petite ville. De deux choses l'une: laisser Mark remonter dans sa voiture pour nous lancer à la recherche de son ex-petite amie (ne nous jugez pas trop sévèrement. Comme je le disais, c'était une petite ville; il n'y avait pas l'embarras du choix, sans compter que je n'avais aucun lien avec cette fille). Ou faire une virée en voiture!

Nous avons soupesé nos options et au bout de quelques minutes, la décision était prise: la route! Le premier élément à déterminer était simple: nord, sud, est ou ouest. Il ne s'agissait pas de déterminer une destination, mais de choisir une direction. La décision unanime a été de mettre le cap vers le sud et de voir où la route nous mènerait. Nous aurions pu choisir l'est, ce qui nous aurait menés vers la contrée des 1 000 lacs, le domicile des Bears et des White Sox, la Grosse Pomme et les rues étroites de Boston. Nous aurions pu choisir l'ouest et traverser les grandes étendues et les Rocheuses jusqu'au pont Golden Gate et la côte Ouest dans toute sa splendeur. Aller au nord a rapidement été éliminé, puisque nous serions arrivés au Canada en moins de quatre heures. Cependant, nous étions loin de penser que prendre la direction sud signifierait rouler 1 600 km à travers des champs de blé avant de voir quelque chose d'un tant soit peu différent de notre propre cour arrière!

Nous avons alors fait ce que tout voyageur responsable, mais inexpérimenté, aurait fait. Nous avons écrit un mot à nos parents pour leur dire que nous absentions pour quelque temps, puis nous avons emprunté la carte de crédit du père de Chris pour payer l'essence et mis deux pains ainsi qu'une quantité infinie de viandes froides dans une glacière. Nous avons également apporté les bâtons nunchaku de Mark, par mesure de sécurité. En moins d'une heure, le plan est parti d'un concept puis sur la route. Puis nous avons orienté la voiture vers le sud et nous sommes partis.

Ce voyage a comporté trois épisodes distincts que nous nous remémorons à chacune de nos rencontres: Steelhard, le stade des Sooners de l'Oklahoma, et le sous-vêtement bikini aux motifs zébrés. Après avoir roulé toute la nuit, nous nous sommes retrouvés quelque part au Nebraska ou au Kansas, je ne sais plus, mais fort probablement à proximité d'un champ de blé. Chris et moi étions assis à l'avant pendant que Mark roupillait sur le siège arrière. Le temps était venu qu'il se réveille, avons-nous alors décidé. Ce qui a été cruel était non pas l'intention mais la méthode employée. Tout en roulant, nous avions déniché une très mauvaise copie de la chanson du groupe Steelheart «I'll Never Let You Go (Angel Eyes)». Puis nous avons parié sur le nombre de fois où nous ferions rejouer cette chanson avant que le souvenir de son ex-petite amie canon de longue date le réveille et le fasse fondre en larmes.

J'avais parié sept fois; Chris en a parié cinq. Il en a finalement fallu trois. Lorsque la chanson a recommencé pour la troisième fois, le siège arrière est devenu le feu d'artifice de la fête nationale du 4 juillet que nous anticipions. Ses mots ne pouvaient être plus clairs: «Pour l'amour de Dieu, arrêtez cette chanson!» Un énorme fou rire s'est emparé de nous et quelques minutes plus tard, Mark faisait de même. Je suppose qu'il est agréable d'avoir des amis qui vous réconfortent lorsque vous vous sentez déprimé, mais qui ensuite vous bousculent un peu afin de chasser cette mélancolie face à une chose contre laquelle vous ne pouvez rien.

Le voyage s'est poursuivi à travers les champs de blé qui s'étiraient à l'infini. Nous parlions de tout et de rien – ce que nous voulions devenir, ce que nous voulions faire au cours des deux prochaines années et au-delà. Les conversations étaient parfois profondes, parfois uniquement un tissu d'âneries. Peu à peu, nous nous approchions de notre première escale: le stade des Sooners de l'Oklahoma situé à Norman, en Oklahoma.

Je suis devenu un partisan des Sooners dès le jour où j'ai acheté une casquette dont le marron était assorti au marron de mes espadrilles Adidas. J'admets que c'est une façon étrange de choisir une équipe de football universitaire, mais la casquette était vraiment géniale. C'était mon morceau de vêtement préféré que je portais presque chaque jour. Ce que j'ignorais à l'époque, c'est que ces espadrilles et cette casquette allaient m'amener un jour à escalader une clôture de cinq mètres de haut à Norman, en Oklahoma, dans le but de lancer un ballon de football sur le terrain du stade des Sooners. Une expérience surréaliste.

C'était la première fois que je me trouvais dans un stade universitaire et il m'a semblé incroyablement grand. Chris, Mark et moi étions coéquipiers de l'équipe de football de notre école secondaire, et fouler ce terrain pour nous lancer un ballon a été une des expériences les plus sensass de ma vie. Souvenir, souvenir!

Après avoir fait tout ce chemin, pourquoi ne pas pousser une pointe jusqu'au Texas? Nous avons continué à rouler sur l'autoroute, cap au sud. Une fois Dallas et Houston dans le rétroviseur, nous étions sur le point d'arriver au bord du plus vaste plan d'eau que nous avions jamais vu. Le golfe du Mexique, tout juste à l'extérieur de la ville de Galveston, au Texas, ne justifiait peut-être pas une lettre envoyée à ses parents, mais c'est néanmoins ce que j'ai fait. Assis sur la plage, je les ai remerciés pour tout ce qu'ils avaient fait pour moi et je leur ai exprimé mon désir de voyager à travers le monde. Cette escapade à Galveston a eu également son revers: le long trajet à parcourir pour revenir au Dakota du Nord. La Monte Carlo dorénavant orientée vers le nord, nous avons repris la route pour rentrer à la maison.

Quelque part au milieu du Texas, au beau milieu du mois de juillet, le climatiseur de la Monte Carlo a décidé de prendre sa retraite. Je me rappelle qu'il était aux alentours de minuit et la température oscillait toujours au-delà des 30 degrés Celsius. Même si Chris prétendait que le climatiseur était réglé à «2:120» (c'est-à-dire deux vitres ouvertes et une vitesse de 120 km/h), je continuais à cuire sur le siège arrière. J'ai décidé que j'en avais assez et je me suis déshabillé, ne gardant que mon sous-vêtement – un slip style bikini aux motifs zébrés que j'avais reçu de mes sœurs en guise de cadeau d'anniversaire rigolo un mois auparavant. Cadeau rigolo pour elles, style et confort incroyable pour moi. Pendant que la chaleur continuait son travail de sape sur nous, Chris a décidé de régler le climatiseur à «2:140». Deux heures plus tard, fourbu par le voyage et profondément endormi, j'ai été réveillé par la sirène d'une autopatrouille de la Texas Highway Patrol qui nous avait interceptés en raison de notre «climatiseur» réglé à un niveau trop élevé.

À ce jour, notre seul contact avec les forces de l'ordre était la partie de softball du jeudi soir en compagnie des policiers de notre petite ville. Ces policiers du Texas étaient d'une autre trempe: ils ressemblaient davantage à leurs collègues qui enfoncent des portes avec un bélier qu'à des joueurs de balle. Ils se sont approchés de la voiture, un du côté passager et l'autre du côté conducteur. Chris s'est penché pour prendre son portefeuille qui était sous son siège. De toute évidence, un geste de trop. Avant même que nous prenions conscience de la portée de ce geste, nous avions des revolvers pointés vers nos têtes et des policiers en train de crier:

«Mains en l'air pour qu'on les voie! En l'air! En l'air!» Puis les policiers ont ouvert les portières et nous ont demandé de sortir. Je ne sais pas ce qui m'a stressé le plus: avoir une arme à feu pointée vers moi, ou recevoir l'ordre de descendre de la voiture alors que j'étais vêtu uniquement d'un sous-vêtement de taille bikini aux motifs zébrés. J'ai très poliment demandé au policier de me permettre d'enfiler mes jeans, mais peine perdu. Je suis plutôt retrouvé à demi-nu, debout sur le bord de l'autoroute. Puis, nous avons regardé les policiers fouiller la voiture, vider le coffre et jeter par terre toutes nos affaires.

☛ ***Je ne suis pas certain de ce qui m'a stressé le plus: avoir une arme à feu pointée sur mon visage ou recevoir l'ordre de descendre de la voiture sur l'autoroute alors que j'étais vêtu uniquement d'un sous-vêtement de taille bikini aux motifs zébrés.***

Pendant qu'ils mettaient la Monte Carlo sens dessus dessous, Mark chuchotait sans cesse: «Mon Dieu, ils vont finir par trouver les nunchaku.» Je me rappelle m'être dit: «Bon sang, Mark, si les bâtons nunchaku sont illégaux dans le Sud, pourquoi les avoir apportés?» Nous n'étions quand même pas des trafiquants qui essayaient de passer clandestinement des armes de l'autre côté de la frontière pour les vendre aux guerriers ninjas du coin.

Quelques minutes plus tard, les policiers sont repartis dans leur voiture. Nous avons ramassé nos affaires, y compris les bâtons nunchaku qui étaient légaux, puis nous avons repris la route vers le nord. Aujourd'hui, dans ma liste de choses à faire, il y a l'item suivant: recommencer un jour ce périple en voiture avec Chris et Mark. Nous enverrons des messages textes à nos enfants pour les informer que nous nous absentons pour quelque temps, nous prendrons nos cartes de débit pour l'essence, puis nous mangerons à chaque restaurant chic que nous trouverons en chemin. Et nous apporterons les bâtons nunchaku de Mark, par mesure de sécurité.

OolaGourou
Les histoires légendaires

Comme je suis sur cette planète depuis un bout de temps, j'ai eu une tonne d'amis, La plupart sont des connaissances, des voisins, des collègues et certains sont uniquement, disons, des membres de mon réseau. Ces connaissances ont donné lieu à des événements inusités: voyages dans un 747 privé, hélicoptères privés, rien que du très VIP.

Certes, ces expériences étaient mémorables, mais j'apprécie davantage la compagnie de mes vrais amis. Ceux qui ont passé l'épreuve du temps. Parmi ces individus, il y en a trois qui me viennent immédiatement à l'esprit: un que j'ai connu à l'école primaire, l'autre à l'école secondaire et le troisième à l'université.

Avec le temps, avec nos familles et nos carrières respectives, nous nous sommes éloignés les uns des autres. Mais ce qui est formidable avec ces trois personnes, c'est que je peux leur parler une fois par jour, ou une fois par année, et ce n'est jamais trop ou pas assez. Ces amitiés sont durables. Elles sont stables. Elles sont authentiques.

Récemment, nous avons décidé d'organiser des retrouvailles. Nous avons choisi une île isolée pour y séjourner pendant une semaine. Si le décor était enchanteur et la bière désaltérante, ce sont nos conversations qui ont dominé cette escapade.

Nous avons beaucoup ri, surtout en nous remémorant des souvenirs et en se moquant de nous-mêmes. Comme cette fois au secondaire où Seeg avait commandé quelque chose au comptoir à tacos. Comme la facture s'élevait à 3,18 $, il m'avait demandé de lui prêter 18 sous. Je les lui avais remis et il avait ajouté: «Parce que je ne voulais pas avoir de la monnaie sur un 25 sous.»

Ou, encore, cette fois où ma mère m'avait vêtu d'un «adorable» ensemble short et pull sans manches mauve pour ma première journée à la maternelle. Lorsque l'enseignante avait séparé les garçons et les filles en deux rangs distincts pour aller aux toilettes, elle m'avait assigné le côté des filles. J'avais tout fait, mis à part lui montrer mes bijoux de famille, pour retourner dans le bon rang.

Ou lorsque Dale a atterri dans un pays du Moyen-Orient, qu'il a sauté dans un taxi et que le chauffeur lui a demandé si c'était sa première visite dans la région. «Si», a-t-il répondu. C'est à ce moment qu'il a pris conscience que le monde ne se limitait pas à deux langues parlées.

Ou lorsque Ern, pendant une sortie avec les copains, a volé le téléphone d'un ami commun, a allumé la fonction caméra, et… assez dit.

Ce sont des histoires légendaires. Ces types sont dignes des légendes. Nous nous encourageons mutuellement, nous apprenons les uns des autres, nous veillons les uns sur les autres et nous vieillissons ensemble. Nous nous serrons les coudes, même si on ne se parle pas pendant des mois. C'est agréable d'avoir un groupe d'amis véritables, à l'extérieur de la famille, qui n'ont rien d'autre à l'agenda que d'être ensemble et de passer du bon temps. Investissez du temps dans les amitiés que vous chérissez le plus, car elles sont indispensables pour accéder à l'OolaVie de vos rêves.

• CONSEILS POUR DES OOLARELATIONS

1. Garder le contact

Grâce à Internet et aux réseaux sociaux, il n'a jamais été aussi facile de maintenir le contact. Mettez à profit les nouvelles technologies.

2. S'entraider

Utilisez vos amis comme autant de ressources. Apprenez de leurs expériences. Approfondissez-les. Faites preuve de vulnérabilité et d'ouverture. Un réseau d'entraide qui est extérieur à la famille est quelque chose de précieux. Vos vrais amis veulent ce qu'il y a de mieux pour vous et ils souhaitent que vous réussissiez.

3. Privilégier la qualité

Même si les nouvelles technologies sont formidables pour garder le contact, n'oubliez pas d'investir dans du temps de qualité avec vos amis. Organisez des rencontres en chair et en os, et non uniquement des rencontres virtuelles. Prenez votre téléphone pour parler, et non uniquement pour envoyer des messages textes. Organisez des escapades pour renouer et vous remémorer. C'est un baume pour l'âme. C'est très Oola.

Chapitre 9

OolaPlaisir

Le sel de la vie.

☛ ***Amusez-vous. Ayez du plaisir.***
Profitez du moment présent.

— MICHAEL JORDAN

OolaPlaisir comprend tout ce qui vous passionne, que ce soit un loisir ou une activité. Contrairement aux autres F d'Oola, cette catégorie est étroitement en lien avec votre personnalité dans ce qu'elle a d'unique. Qu'il s'agisse d'artisanat, de golf, de voitures, de photographie, de surf, de jardinage, de pêche, de planche à roulettes, d'écriture, d'antiquités… la liste est infinie.

Votre OolaPlaisir est une catégorie très facile à définir. C'est habituellement ce que vous faites une journée où vous pouvez faire uniquement ce que vous voulez. C'est ce qui vous amuse. Quelque chose de complètement subjectif. Il ne s'agit pas obligatoirement d'un passe-temps ou d'un sport. Un coucher de soleil ou une tasse de café au coin du feu peuvent même entrer dans cette catégorie. Nul besoin d'en dire davantage.

OolaChercheur

Dans un rayon de quinze kilomètres

J'aime parler de ce F qu'est l'OolaPlaisir. J'aurais vraiment aimé vous épater et m'épater moi-même, avec des récits passionnants d'aventures et de découvertes d'un monde perdu… Mais je ne peux pas… pas encore. La quasi-totalité de ce qui est survenu pendant mon enfance l'a été dans un rayon de quinze kilomètres autour de la ferme familiale où j'ai grandi. Par exemple, l'école que j'ai fréquentée était à neuf kilomètres vers l'est à partir de la porte d'entrée de la maison.

La ferme de mes grands-parents était située à 14 kilomètres plus au sud. Nous leur rendions visite souvent le dimanche. La terre que nous labourions et l'atelier où nous faisions réparer la machinerie étaient situés à neuf kilomètres à l'ouest de la ferme. J'ignore pourquoi nous n'allions jamais au nord, mais j'avais l'impression qu'il s'agissait d'un territoire interdit. Bien sûr que ce n'était pas le cas, mais pour l'enfant que j'étais, c'était tout comme.

Une fois par année, nous nous rendions à la grande ville pour acheter les fournitures scolaires dont nous allions avoir besoin pour le retour en classe. Un trajet en voiture qui nous semblait interminable. Pour avoir un peu de confort, nous apportions des couvertures et des oreillers. Ma mère préparait des sandwiches, question de limiter à une seule fois un repas au restaurant. Mon père faisait le plein et vérifiait le niveau d'huile de notre Ford Econovan. Mes sœurs revêtaient leurs plus beaux vêtements achetés pour la rentrée de l'année précédente, puis nous montions à bord de la voiture. Maman et papa s'installaient à l'avant pendant que nous nous bousculions pour avoir les meilleurs sièges près d'une vitre. Au bout d'une heure, nous étions rendus en ville, et même si c'était une municipalité de seulement 50 000 habitants, elle était énorme à mes yeux.

En rétrospective, tout ceci m'apparaît dérisoire. Aujourd'hui, il me faut plus d'une heure de route pour déposer mes enfants à l'école, les ramener à la maison, puis les conduire à leur pratique de soccer et les ramener de nouveau. À cela s'ajoute un autre six à huit heures de voiture uniquement pour nous évader pendant le weekend. Il ne nous reste qu'à choisir une direction: nord, sud, est ou ouest (un truc que m'ont enseigné deux amis).

☛ ***Je crois que chaque personne a quelque chose à m'apprendre afin que je m'améliore.***

Même si mon enfance semble d'une simplicité un peu risible, elle m'a enseigné deux leçons très précieuses. Première leçon: j'ai un profond désir de voir le monde, de partir à l'aventure, de tout explorer. Chaque fois que je voyage, j'ai cette impression un peu enfantine d'être un explorateur: à pied, à bicyclette, en auto ou en bateau qui se lance à la recherche de contrées inconnues ou de trésors oubliés. La seule différence entre moi et les héros de mon enfance (Capitaine Kangourou, le type de l'émission Au Royaume des Animaux de la Mutuelle d'Omaha et Jacques Cousteau), c'est que j'emmène mes cinq enfants avec moi, j'apporte cinq téléphones cellulaires différents, je mange tous mes repas au restaurant, je ne suis jamais en présence de bêtes sauvages et je séjourne toujours dans de beaux hôtels.

Seconde leçon: j'ai appris très jeune que pour moi, le plaisir est quelque chose de simple qui se partage habituellement en famille. Je peux honnêtement affirmer qu'il n'y a pratiquement eu aucune journée où je n'ai pas eu de plaisir. Je possède ce don inné de m'amuser, peu importe ce que je fais ou presque. Tout simplement parce qu'enfant, je ne pouvais compter que sur moi pour avoir du plaisir; il était impossible d'acheter un billet pour le plaisir dans un rayon de quinze kilomètres à la ronde. Je construisais des forts avec mes amis, je jouais au basketball de cour arrière avec un panier de 2,5 m de hauteur (j'étais incroyable et je réussissais chaque fois le panier gagnant dans la dernière seconde de jeu), je jouais pendant des heures à cache-cache avec mes sœurs, ou je m'étendais le soir dans l'herbe pour observer le plus incroyable spectacle d'étoiles.

J'ai cherché à savoir si cette propension aux plaisirs simples et à l'amour de l'aventure était héréditaire ou du moins contagieuse. J'ai donc demandé à mes enfants de me raconter les dix moments de plaisir les plus mémorables qu'ils ont eus. Voici ce qu'ils m'ont répondu:

- *Les voyages de soccer en famille et les trucs bizarres que nous faisons lors de ces périples (par exemple, chaparder des oranges dans les orangeraies de l'Arizona, rouler jusqu'au bord de la mer en Floride, prendre des cours de surf à Hawaï).*
- *Faire jouer de la musique à tue-tête dans la voiture. La folie Bieber a été une épreuve à surmonter, mais j'y suis parvenu.*
- *Les parties de football impromptues. Mes filles peuvent attraper une bombe du bout des doigts après avoir couru un tracé en crochet de quarante verges. Je leur dis alors qu'en raison de leurs prouesses, un type se pointera un de ces jours pour les demander en mariage. Elles savent déjà ce qu'elles répondront: «Non, merci.»*
- *Aller en voiture dans une région montagneuse, puis se garer en pleine tempête de neige et nous entasser sur le siège arrière pour regarder un film.*
- *Jouer à Requin, La grande évasion et Attrape-câlins, des jeux que nous avons inventés.*

- *Manger de la soupe aux nouilles et regarder les deux matchs de football du dimanche après-midi.*
- *Rouler en voiture sans destination précise.*
- *Les matchs de soccer dans la cour arrière jusqu'à épuisement.*
- *Descendre le cours de la rivière.*
- *Notre trajet de dix jours en voiture de Paris à Nice.*

Même s'il n'y a rien de spectaculairement original dans ces réponses, tous ces moments ont été amusants. C'est fou de penser à quel point nous nous sommes éclatés en laissant libre cours à notre spontanéité et, mis à part deux items sur cette liste, sans grever les finances familiales.

Nous avons joué un nombre incalculable de parties de football, de frisbee, de volleyball et de soccer. Nous avons pris de longs weekends et roulé en voiture dans beaucoup de directions différentes afin de toujours avoir un thème amusant qui donnerait le ton au voyage tout entier. Nous avons dormi sous la tente et dans des hôtels cinq étoiles. Nous avons découvert des restaurants incroyables et tenté de griller des steaks au-dessus d'un feu de camp que nous avons finalement carbonisés (notre chien Dexter a ridiculement bien mangé pendant ce voyage). Je suis très chanceux d'avoir toujours profité d'un niveau élevé de plaisir. Je sais qu'au moment de ma mort, lorsque les gens se souviendront de moi, il y aura beaucoup de moments où le plaisir était au rendez-vous. Le plaisir est le sel de la vie, et même si disposer d'OolaFinances solides permet de décupler les possibilités, il est possible d'avoir du plaisir, beau temps mauvais temps. Je vous encourage à avoir du plaisir chaque jour de votre vie; on ne vit qu'une fois. Peu importe comment vous vous sentez ou à quel point vous êtes occupé, prenez dix minutes pour faire quelque chose que vous aimez. Grâce au plaisir, vous profiterez d'une pause relaxante et la vie des gens qui vous entourent s'en trouvera illuminée. Le tout donnera un sens aux six autres F d'Oola tout en vous rapprochant davantage de votre OolaVie.

OolaGourou
Cinquante pays et ce n'est pas fini

Sans l'ombre d'un doute, c'est dans les voyages que je trouve mon OolaPlaisir. J'aime parcourir les États-Unis, mais mon désir le plus grand est d'explorer le monde. J'ai visité plus de cinquante pays et ce n'est pas fini. Je suis programmé pour l'aventure. Tout m'y pousse. Aller à l'étranger est le moyen idéal d'assouvir ma passion pour la vie et de combler mon désir d'apprendre et de progresser.

Lorsque je voyage, je ne me limite pas uniquement aux attraits touristiques. Je veux me plonger dans une culture, manger la cuisine locale à la façon locale, faire ce que les habitants font. Je suis davantage du genre «sac à dos» que «navire de croisière».

Je voyage à contre-courant. Si je débarque dans un pays et que j'aperçois une horde de touristes qui suit un guide qui tient une baguette avec au bout un petit drapeau et qui tourne à gauche… je vais à droite. Si je vois quelqu'un qui cuisine quelque chose sur un gril de fortune installé sur la roue arrière d'une bicyclette, j'achète. Je veux apprendre à partir du point de vue des autres et des expériences qu'ils vivent. Je crois que chaque personne a quelque chose à m'apprendre afin que je m'améliore. Et je veux apprendre et m'améliorer.

Un de mes endroits préférés dans le monde est la Thaïlande, et plus spécifiquement l'île de Phuket, surtout pour ses habitants et sa culture locale. Leur façon de se comporter est une source d'inspiration pour moi. Ce n'est pas pour rien que les voyageurs aguerris surnomment la Thaïlande le «pays des sourires». Tout le monde vous accueille avec un sourire, vous regarde dans les yeux et vous parle de manière calme et posée. C'est un endroit où il est facile de sortir des circuits touristiques pour rencontrer les habitants du coin, et il ne faut guère de temps pour découvrir le peuple thaï dans toute sa grâce.

Les plages sont incroyables. Il est facile d'éviter les plus achalandées (comme Patong et Karon), de louer un scooter et trouver un coin de plage moins fréquenté (comme Nai Thon ou Bang Tao). Vous pouvez vous offrir un fantastique massage directement sur la plage (pour la somme exorbitante de 9 $ l'heure), et trouver un compatriote expatrié qui vous recommandera un petit resto local pour terminer la journée en beauté.

J'aime Phunket pour plusieurs raisons, notamment en raison des choix qui s'offrent à nous. Comme tout le monde, j'aime les magnifiques plages, mais au bout de quelques heures, j'en arrive à tourner en rond et j'ai la bougeotte. Louer un scooter et explorer l'île est un moyen agréable de passer la journée. (Avertissement: Vous devez savoir à quoi vous attendre. La circulation est complètement folle! Comme dans un jeu vidéo.) Vous pouvez jouer au golf, faire une promenade à dos d'éléphant dans la jungle, louer une embarcation pour visiter une île isolée ou aller dans un des innombrables restaurants (les fruits de mer sont un pur délice).

D'autres options s'offrent aux personnes qui ont de la difficulté à tenir en place, incluant plusieurs excursions d'une journée. Une fois rendu à Phuket, vous pouvez faire une excursion d'une journée aux îles Phi Phi. Un lieu très touristique et pour cause… il s'agit probablement de l'un des beaux endroits sur la planète (lieu de tournage du film *La Plage*). Trouvez un petit bistro qui offre une belle vue (tous les bistrots en offrent une), commandez une boisson froide et imprégnez-vous de la beauté qui s'offre devant vous.

J'ai fait plusieurs séjours en Thaïlande. Cependant, c'est ma première visite là-bas en compagnie d'un de mes meilleurs amis (celui avec le «cul bordé de nouilles») qui m'a laissé la plus forte impression.

Nous étions allés à Phuket uniquement pour des vacances. Nous avions beaucoup travaillé et nous avions besoin de prendre un bol d'air. Beaucoup de gens nous avaient conseillé cette destination comme un «incontournable» en Asie. C'est donc avec un minimum d'attentes ou de recherches que nous avons décidé spontanément d'y aller. Un voyage incroyable. Les gens étaient fantastiques, la nourriture délicieuse, le décor enchanteur. Nos amis ne nous avaient pas menti: l'endroit remplissait ces promesses.

Le 24 décembre 2004, six semaines à peine après notre retour de ce séjour initial à Phuket, et avec des souvenirs encore frais dans nos mémoires et un bronzage toujours apparent, un tsunami historique a dévasté l'île. Dans les bulletins de nouvelles, nous avons vu les images de destruction: les rues que nous avions empruntées, les magasins où nous avions fait nos emplettes, les endroits où nous nous étions fait de nouveaux amis. Habituellement, en raison de l'effet combiné du petit écran et de la distance, nous nous sentons moins concernés par les images d'une tragédie qui a lieu à l'autre bout du monde. Notre récent voyage avait cependant rendu le tout douloureusement concret, comme si nous avions été personnellement touchés.

Nous n'avons pas participé aux efforts de reconstruction, mais nous avons fait un second séjour de suivi environ une année après. Dès notre arrivée, nous avons senti que nous devions faire quelque chose. Mais quoi? Nous n'en avions pas la moindre idée. Mais il fallait tenter quelque chose. Nous avons repéré un orphelinat dans un petit village qui avait besoin d'aide, puis nous avons retenu les services d'un camion avec chauffeur que nous avons rempli de livres, de bicyclettes et de jouets. Nous sommes allés ensuite leur rendre visite. Les yeux des enfants se sont illuminés de joie. La directrice nous a exprimé sa gratitude avec une grande politesse et elle a dit toutes les bonnes choses. Cependant, je peux flairer à un kilomètre de distance la différence entre une gratitude sincère et une qui ne l'est pas. Elle a fini par nous dire que notre générosité était appréciée, mais que nous avions donné sans nous demander au préalable ce que les enfants voulaient ou ce dont ils avaient réellement besoin.

Nous n'avions pas pris le temps de nous informer réellement. Nous n'étions qu'un autre groupe de touristes qui fait une escale pour offrir quelques babioles avant de se rendre à la plage. En rétrospective, nos cœurs étaient à la bonne place, mais notre générosité était mal placée. Nous devions nous interroger davantage sur leurs besoins réels.

La directrice a pointé du doigt un garçon dans le groupe, Jinju. Elle m'a demandé de deviner son âge. J'ai quatre enfants d'âges variés et je vise plutôt juste habituellement. J'ai dit trois ans. Il en avait huit. Sa croissance avait été ralentie par la malnutrition. Elle a dit que ce dont les enfants avaient vraiment besoin, c'était une alimentation de base adéquate.

Au terme de cette visite, nous avons créé un programme intitulé «Une vitamine par enfant par jour». Très simple, peu coûteux et en plein dans le mille. Ce n'était qu'un modeste début, mais c'était néanmoins un pas dans la bonne direction. (Soit dit en passant, je suis fier de dire que ce programme existe encore aujourd'hui et que l'orphelinat est devenu un centre d'accueil doublé d'un refuge qui vient en aide aux enfants dans le besoin.)

En résumé, mon OolaPlaisir est synonyme d'aventures et de voyages. Et avoir du plaisir dans la vie est un gage d'équilibre, ce qui est tout à fait Oola. Et si vous pouvez avoir du plaisir tout en aidant les autres, c'est encore mieux. C'est Oola plus plus!

• Conseils pour du OolaPlaisir

1. Découvrir

Nous demandons toujours aux personnes qui manquent de temps et qui sont toujours débordées par leurs obligations familiales et professionnelles: «Qu'aimez-vous vraiment faire?» Parfois, elles font une pause, puis disent sur un ton ému: «Je ne sais pas.» Ces gens se sont tellement laissé emporter par le tourbillon de la vie qu'ils ne savent plus ce qui les passionne. Ils en sont venus à s'oublier et à oublier ce qu'ils aiment. Si c'est votre cas, partez à la découverte (ou à la redécouverte) de votre OolaPlaisir.

2. Garder le tout sous contrôle

Ce conseil est à l'opposé du conseil précédent. Une activité ou un passe-temps en vient à occuper toute la place dans votre vie? À accaparer vos pensées au point de nuire aux autres F d'Oola? Si vous n'arrivez plus à payer votre loyer parce que vous avez acheté une édition limitée d'une figurine de Star Wars... le temps est venu de reprendre le contrôle. Si vous ratez le match de soccer parce que vous mettez la touche finale au huitième projet de scrapbooking de la semaine... vous devez reprendre le contrôle. Ce livre porte sur la nécessité de maintenir un équilibre dans sa vie. Cela vaut également pour le plaisir.

3. Partager

Pour que votre Oola progresse réellement dans cette catégorie, nous vous mettons au défi de faire en sorte que ce que vous aimez ait un impact positif sur les autres. Si vous aimez les courtepointes, vendez-en quelques-unes, mais donnez-en aussi à une tombola. Si vous êtes un golfeur, joignez les rangs des Grands Frères et invitez un enfant à jouer avec vous. Il existe d'innombrables façons de partager ce que vous aimez avec les autres et de faire de ce monde un endroit meilleur, même si ce n'est qu'un geste à la fois. Cette expérience ne vous détournera pas de votre plaisir, elle l'amplifiera.

SECTION TROIS

LES OOLABLOQUANTS

> ☛ ***Qui n'a pas déjà vécu quelque chose***
> ***qui a provoqué une transformation telle***
> ***que cette personne n'a plus jamais été la même ?***
>
> — LEONARDO DICAPRIO

Si vous désirez sincèrement que l'équilibre et la progression reviennent dans votre vie, il est primordial de déterminer avec précision toutes ces choses qui vous empêchent d'avancer ou qui, au contraire, vous propulsent vers l'avant. Nous les appelons les OolaBloquants et les OolaStimulants.

Pendant que vous explorerez les deux sections suivantes, il est essentiel de comprendre qu'il existe un nombre incalculable de traits et de caractéristiques qui vous font avancer ou qui se mettent en travers de votre route. Nous en avons retenu sept pour chaque catégorie, pour la simple raison que nous aimons le chiffre sept. Aussi, les sept éléments que nous avons retenus sont ceux qui ont eu le plus grand impact dans notre propre cheminement vers Oola. Il s'agit également de traits et de caractéristiques que nous observons fréquemment dans le cheminement d'autres personnes.

Prenons vous, par exemple. Vous êtes peut-être une personne au physique attrayant, contrairement à nous. C'est un OolaStimulant. Vous êtes peut-être aussi une personne qui a tendance à verser dans l'envie. On parle alors d'un OolaBloquant. Ce qui, heureusement, n'est pas notre cas non plus. Il existe un grand nombre d'OolaBloquants et d'OolaStimulants. Nous vous présenterons ceux dont l'impact est le plus grand, même si cette liste est loin d'être exhaustive. Nous les avons retenus parce que nous en avons la conviction profonde et que nous avons été témoins de leurs effets.

Nous allons d'abord commencer par un grand ménage. La section trois porte sur l'élimination des OolaBloquants. Ce sont les trucs inutiles qui vous empêchent d'accéder à une vie Oola. Même s'il peut être difficile de jeter sur soi un regard sans compromis, nous savons que procéder d'abord à ce «grand ménage» vous permet de repartir sur une page blanche. Mais d'abord, il faut éliminer les saletés qui encombrent votre chemin. Il est important de dégager la voie pour ne pas laisser ces déchets saper vos efforts pour accéder à la vie que vous désirez. Ces saletés souilleront vos chaussures, elles vous ralentiront et elles seront malodorantes.

C'est dans la section quatre que le plaisir commence.

Nous y présentons les OolaStimulants et nous vous proposerons des moyens d'arriver plus rapidement à Oola.

Chapitre 10

La peur

☛ ***Ma devise est la suivante:***
ressens la peur, puis fonce malgré tout.

— JAMARA MELLON

De par sa nature, la peur est le premier item sur notre liste d'OolaBloquants. Pour la plupart des gens, c'est le plus grand obstacle dans leur quête d'Oola. Cette peur qui peut bloquer l'accès à la vie de vos rêves se présente sous deux formes: 1) une peur irrationnelle qui vous paralyse et vous empêche de poser les gestes qui vous font avancer; 2) une peur non assumée qui vous expose à des risques susceptibles de vous faire tomber.

OolaChercheur
Une sainte frousse

Je vous promets de cesser d'écrire à propos de la vie sur une ferme du Dakota du Nord, mais mon enfance contient son lot d'anecdotes et d'expériences qui m'ont beaucoup appris. Mes parents étaient des bourreaux de travail. Ils prenaient rarement congé du travail de la ferme pour faire une sortie ensemble. Une sortie qui consistait en une soirée passée en ville – en l'occurrence un patelin de 800 habitants dont la moitié avaient des liens de parenté avec mes parents.

Je me souviens d'une sortie en particulier. Mes parents avaient rendez-vous dans le seul café en ville pendant que nous, mes sœurs et moi, gardions la maison. Nous étions en train de regarder une des trois chaînes télé que nous pouvions capter lorsque nous avons entendu du bruit dans le garage, comme s'il y avait un intrus. Nous nous sommes regardés comme si de rien n'était, même si nous savions que ce n'était pas le cas. L'instant d'après, nous avons entendu l'intrus descendre l'escalier qui menait à la cave, puis commencer à cogner à la porte de manière énergique et insistante. Ma sœur aînée a réagi exactement comme une sœur aînée doit le faire. Elle nous a regroupés, puis nous sommes allés nous réfugier dans la salle de bain. Nous avons verrouillé la porte et nous nous sommes accroupis dans un coin. Elle nous a dit de rester calmes et de prier. Comme il était probable que nous n'en sortirions pas vivants, nous pourrions au moins aller au paradis. Sans blague.

Après une heure environ de prières, nos parents, de retour à la maison, sont venus à notre rescousse. C'était le chat obèse d'un voisin qui s'était faufilé dans notre garage et qui avait semé la pagaille dans nos ordures, pour finalement se coincer la tête dans une boîte de conserve de soupe Campbell's. Le chat avait déboulé l'escalier du sous-sol et s'était heurté la tête à répétition sur la porte dans une tentative de dégager sa tête de la boîte de con-

serve. Avons-nous eu une sainte frousse? Absolument. Cette peur était-elle justifiée? Pas vraiment.

☛ ***La peur injustifiée paralyse les gens. Je vois cela tout le temps.***

Au fil des ans, j'ai raconté cette anecdote à de nombreuses reprises à des amis ou à des membres de ma famille lorsque ceux-ci ressentaient de la peur à propos d'un nouvel emploi, d'une nouvelle relation amoureuse ou d'une nouvelle orientation dans leur vie. Dans la plupart des cas, l'effet paralysant de la peur est injustifié et nous empêche de prendre les mesures nécessaires pour une vie plus Oola. Ai-je ressenti de la peur dans mon cheminement pour retrouver Oola? La réponse est «Oui, chaque jour.» Lancer une nouvelle entreprise, s'inscrire à un centre de conditionnement physique, se faire de nouveaux amis, être un père monoparental de cinq enfants sont autant de raisons de ressentir de la peur. Cependant, face à la peur, j'ai résolu de ne jamais laisser l'arbre me cacher le reste de la forêt, de rester fidèle à mes valeurs les plus importantes et de surmonter la peur susceptible d'entraver mon cheminement vers l'OolaVie.

OolaGourou
Le guide de safari

Lorsque mon fils aîné était en quatrième année du primaire, nous avons participé à un safari en Afrique. Nous étions si excités que nous comptions les dodos qui nous séparaient du jour du départ. C'était une première, pour lui comme pour moi.

Lorsque le moment de partir est finalement arrivé et que nous sommes montés à bord de l'avion, nous ne tenions plus en place. Le vol a semblé durer une éternité.

La nuit était tombée lorsque nous sommes arrivés au Camp Safari. Nous avons été accueillis par un type à la mine sévère et qui portait tous les accessoires propres au safari: casque de safari à bord rigide de couleur brun clair, bottes noires lacées à mi-mollet, pantalon soigneusement pressé et muni d'un nombre ridicule de poches et veste assortie qui contenait suffisamment de gadgets et d'outils pour construire une petite maison. Malgré cet attirail des plus impressionnants, la chose qui a retenu le plus notre attention a été sa grosse carabine noire. Ce n'était pas une carabine comme les autres. Elle était spéciale. Nous n'avions jamais rien vu de pareil.

À en juger par l'apparence du guide, je me rappelle m'être dit: «Wow, cet endroit a le souci du détail. Ils en mettent plein la vue à mon fils. On a vraiment l'impression de vivre une aventure. C'est bien meilleur que le manège *Jungle Ride* de Disneyworld!»

Après nous avoir souhaité la bienvenue, le guide nous a indiqué que nous allions loger dans la villa numéro 2, située à cinq minutes de marche, dans le coin nord-est du camp. Il nous a offert de nous accompagner jusqu'à notre villa. J'ai répondu: «Non merci. Nous trouverons bien notre chemin.» Il a ajouté: «Non, je dois le faire. L'endroit n'est pas sûr à la nuit tombée et j'ai une arme pour vous protéger. En fait, ne sortez jamais de la villa la nuit, sous aucun prétexte.» J'étais plus qu'impressionné! Ce type disait toutes les bonnes choses pour avoir un juteux pourboire. À l'insu de mon fils, je lui ai lancé un clin d'œil: «Sérieusement, j'ai compris.» L'expression sur son visage est passée de l'hôte accueillant au guide qui n'entendait pas à rire. Il m'a regardé droit dans les yeux et il a ajouté: «Monsieur, je dois vous accompagner jusqu'à votre chambre. Ce n'est pas sécuritaire ici la nuit. Il y a déjà eu un incident. C'est un règlement du camp.» Inutile de préciser que nous avons accepté son offre avec courtoisie et gratitude, et nous l'avons laissé nous accompagner jusqu'à notre villa.

Une peur injustifiée paralyse les gens. J'en suis constamment témoin. Une personne reçoit une opportunité vraiment alléchante. Elle analyse et tergiverse, cherchant toutes les raisons pourquoi ça ne fonctionnera pas. Cette peur l'empêche d'agir et de progresser. La peur bloque son cheminement vers Oola.

Cette histoire représente l'autre extrémité du spectre de la peur. Si vous ignorez complètement la peur, vous pouvez en perdre la boule, et dans l'exemple ci-dessus, ces mots étaient à prendre au sens propre. Cela peut même s'avérer un point de bascule et c'est ce que je constate constamment dans le monde des affaires. Les gens se lancent tête première sans évaluer les risques. Ils en viennent à perdre leur entreprise, leur maison, leur famille… leur vie. Une totale insouciance n'est pas un obstacle vers Oola, mais elle peut rapidement vous entraîner vers le fond.

****

Où vous situez-vous par rapport à la peur? La peur vous empêche-t-elle de poser les gestes requis pour mener une vie équilibrée et en progression? Êtes-vous coincé dans un cycle de « tergiversation » où vous ne voyez que les risques associés au passage à l'action? Au contraire, êtes-vous du genre insouciant, complètement imperméable à la peur, peu importe la situation? Cherchez le point d'équilibre entre les deux. Éliminez cet OolaBloquant de votre vie et vous ferez un pas de plus vers une OolaVie.

Chapitre 11

La culpabilité

> ☛ ***La culpabilité : ce cadeau que l'on continue à s'offrir.***
>
> — Erma Bombeck

La culpabilité est un fardeau très lourd à porter. Elle peut s'accumuler au point de se transformer en OolaBloquant. Nous faisons tous des erreurs et nous avons tous dit et fait des choses qui nous ont fait sentir coupables. Traitée rapidement, la culpabilité aura un impact limité dans votre cheminement vers Oola. Par contre, la culpabilité chronique peut devenir au fil des ans un véritable OolaBloquant, car le tiraillement perpétuel qui accompagne souvent la culpabilité a le pouvoir de vous empêcher d'accéder à cette vie que vous désirez. C'est comme porter des poids de deux kilos aux chevilles pendant un marathon. Vous les sentez à peine pendant les premiers kilomètres. Mais rendu au quarantième kilomètre, ce poids subtil, mais constant, finit par vous épuiser. Si vous êtes sur cette planète depuis plus de trois semaines, vous avez déjà ressenti de la culpabilité. Ressentir de la culpabilité n'est pas un crime: choisir de porter cette culpabilité avec vous jour après jour en est un.

OolaChercheur (en aparté)
La dérive

De tous les OolaBloquants que j'ai connus dans ma vie, aucun n'est réapparu plus souvent que la culpabilité. C'est devenu une évidence dès le moment où j'ai atteint le fond du baril.

Ma lente descente aux enfers avait commencé sept années avant mon appel téléphonique désespéré à l'OolaGourou. J'étais alors en plein contrôle de ma destinée et je me sentais invincible. Mon Oola était en équilibre et en progression dans les sept facettes de ma vie. Lors de mes conversations occasionnelles avec l'OolaGourou, j'étais fier de lui faire part de mes accomplissements et de ma longue liste de réussites. Même si je faisais preuve d'humilité à l'extérieur, c'était une fausse humilité. J'étais si pétri d'orgueil à l'intérieur que le seul fait d'y repenser aujourd'hui me donne la nausée.

C'est à cette même époque que ma première assiette a commencé à vaciller. Étais-je vraiment si fantastique? Dieu m'avait-il confié ces dons pour une raison précise ou étais-je au-dessus de toutes ces considérations et autorisé à faire tout ce qui me plaisait? Ce sont de telles pensées ainsi que l'écart grandissant avec mes OolaValeurs, qui m'ont conduit à cette pente glissante et aux choix qui étaient complètement incohérents avec la personne que j'étais auparavant. Et quand je dis glissante, je n'exagère pas!

En raison de ces choix, j'ai porté un lourd fardeau de culpabilité au cours des sept années qui ont suivi. Cette culpabilité a jeté un voile sur ma vision face à mon avenir, elle a détruit l'estime que j'avais de moi-même et elle m'a poussé à me remettre en cause dans tous les aspects clés de ma vie. Renoncer à ma culpabilité a été le premier pas pour m'extirper du trou dans lequel je m'étais enfoncé et pour retrouver mon Oola.

☛ ***Renoncer à ma culpabilité a été le premier pas pour m'extirper du trou dans lequel je m'étais enfoncé et pour retrouver mon Oola.***

«Ton passé est dans ton rétroviseur et ton avenir est immaculé», a dit l'OolaGourou. «Tire des enseignements de ton passé, mais cesse d'y vivre. Dieu t'a déjà pardonné bien avant que tu connaisses l'échec. Ce que tu dois faire, c'est demander pardon aux personnes que tu as laissé tomber, et plus important encore, t'accorder ce pardon à toi-même.» Jusqu'à présent dans ma vie, c'est la leçon la plus importante qu'il m'a enseignée.

OolaGourou
Le putois dans la margelle

Nous venions d'arriver au chalet pour y passer l'été. Une fois sur place, je procède toujours à une rapide inspection pour vérifier si le chalet a bien résisté aux rigueurs de l'hiver du Minnesota. Cette année-là, j'avais remarqué la présence d'un putois dans une des margelles installées autour de la fondation. Malheureusement pour lui, l'animal n'avait pas survécu à l'hiver. Comme la carcasse dégageait encore une faible odeur, je m'étais assuré que la fenêtre était bien fermée et le store fermé. Puis je me suis mis en mode vacances pour profiter de ma famille, du chalet, du lac... bref de l'été.

Pendant que les journées et les semaines passaient, j'allais à l'occasion renifler du côté de cette margelle. L'odeur était suffisamment perceptible pour me faire plisser le nez, mais elle restait néanmoins subtile et finirait bien par se dissiper. Lors des journées ensoleillées, lorsque je me rendais dans cette chambre à coucher et que je remontais le store pour laisser entrer un peu de lumière, je le refermais aussitôt que j'apercevais mon ami décédé.

Nous étions encore au début de l'été et il faisait une température magnifique. Un jour, j'ai ouvert toutes les fenêtres pour laisser l'air vivifiant du nord du Minnesota circuler à travers le chalet. Lorsque je suis entré dans la chambre du sous-sol et que j'ai ouvert la fenêtre, j'ai été assailli par une odeur âcre, rappel brutal de mon problème. Il n'y avait pas d'autre option possible: cette journée-là était le jour où je devais m'atteler à la tâche désagréable de retirer le putois de la margelle.

Je vous épargne les détails. Pour faire une histoire courte, disons que ce n'était pas joli – autant pour les yeux que pour le nez.

Voici la morale de cette histoire vraie: il est important de confronter rapidement et directement le désagréable dans votre vie. Ce constat s'applique non seulement à la culpabilité, mais aussi à tous les Oolabloquants dans votre vie. Si j'avais retiré la carcasse dès le premier jour, il aurait été plus facile d'en disposer, il y aurait eu moins d'odeur dans le chalet et moins de culpabilité face à mon incapacité à gérer la situation chaque fois que je la «voyais» ou que je la «sentais».

On ne peut se contenter de fermer la fenêtre et de baisser le store sur ce qui est désagréable dans sa vie. Et même si on ne le voit pas, on finit toujours par le sentir de temps à autre. Plus cette chose traîne, pourrit et se décompose, plus la tâche de l'enlever devient difficile.

****

Personne n'est immunisé contre la culpabilité. Nous sommes tous des êtres humains et nous faisons tous des erreurs. Par conséquent, il est presque impossible de ne pas nous sentir mal à propos de nos mauvais choix. Impossible de l'éviter. La culpabilité arbore différents visages et elle peut se dissimuler dans les recoins de l'esprit. Voyez là où il y a de la culpabilité dans votre vie. La culpabilité est un des OolaBloquants les plus insidieux et les plus pernicieux. Parfois, elle peut vous frapper telle une tonne de briques tandis qu'à d'autres moments, elle se présente sous des dehors beaucoup plus subtils.

Portez-vous aujourd'hui le poids de la culpabilité? Si c'est le cas, débarrassez-vous de ce fardeau. Peu importe la source de cette culpabilité, il faut la confronter. Si vous avez besoin d'aide pour y arriver, demandez-en. Ne vous limitez pas à fermer la fenêtre et à baisser le store. Autrement, votre culpabilité pourrira et prendra plus de place, vous empêchant d'accéder à la vie que vous méritez.

Chapitre 12

La colère

☛ ***Lorsque vous êtes en colère, comptez jusqu'à quatre. Lorsque vous êtes très en colère, lancez un juron.***

— MARK TWAIN

La colère peut revêtir plusieurs formes. Ressentir de la colère et de la frustration est tout à fait normal – ce sont des émotions humaines, après tout. Par contre, une colère persistante ou exprimée avec violence non seulement vous affecte, mais touche aussi les personnes qui vous entourent et amène des conséquences avec lesquelles vous devrez vivre pendant longtemps. Si vous nourrissez une colère et que vous la laissez vous gruger lentement, elle détruira vos chances d'une OolaVie.

OolaChercheur
La prison à perpétuité

Les gens qui me connaissent savent que j'ai toujours l'air heureux et je le suis vraiment. Même dans les mauvais jours, j'entretiens une vision optimiste de la vie. Au fil des ans, j'ai considéré la colère comme un OolaBloquant majeur pour ma famille et mes amis, mais je peux honnêtement affirmer que ce blocage a fait peu de dégâts en ce qui me concerne, et heureusement d'ailleurs. J'ai vu mon père discuter de politique avec ses frères et se mettre en colère au point de ruiner un dimanche après-midi qui autrement aurait été des plus agréables. Les maris se mettent en colère contre leurs épouses, les frères contre les sœurs et les parents contre leurs enfants. En matière de colère, le blocage le plus important est celui qui perdure pendant des années après l'offense initiale.

Voici une anecdote qui décrit les effets d'une colère ainsi réprimée. Elle débute avec un homme dans la force de l'âge à l'apparence soignée qui visitait avec sa femme et sa famille le mémorial consacré à la guerre du Vietnam. Ancien prisonnier de guerre, il avait fait le voyage jusqu'à Washington D.C. pour rendre un hommage aux soldats tombés au combat. Pendant sa promenade, il a croisé par hasard un compagnon avec qui il avait partagé une cellule à l'époque. L'apparence de cet homme était à l'opposé de la sienne. Vêtements usés à la corde, chevelure longue et hirsute, sale et mal rasé sont les mots qui le décrivaient le mieux. L'homme aux allures d'itinérant s'est aussitôt lancé dans une diatribe: «Je déteste ce qu'ils nous ont fait en prison. J'y repense chaque jour et je suis si en colère. La torture, le manque de nourriture, les conditions de vie… je ne leur pardonnerai jamais et je les détesterai toujours. C'est à cause d'eux que j'ai des dépendances. C'est à cause d'eux que je suis sans emploi et que je suis un sans-abri. C'est à cause d'eux que j'ai perdu ma famille.» L'homme bien vêtu l'a interrompu et lui a dit:

« Pourquoi les laisses-tu te garder enfermé dans leur prison ? Tu as été libéré il y a plus de trente ans. »

La colère peut être passagère comme elle peut être un obstacle permanent. Évitez de transformer les conséquences d'une colère persistante en mur qui vous sépare d'une OolaVie.

☛ ***La colère peut être passagère comme elle peut être un obstacle permanent.***

OolaGourou
Le pare-brise fissuré

La colère est une émotion puissante et multiforme qui se manifeste à divers degrés. Heureusement, la colère n'est pas un blocage pour moi. Mais la frustration, oui. Des broutilles peuvent me mettre hors de moi. Je réagis alors avec plus de force que nécessaire, d'une manière qui n'est pas toujours proportionnelle à la situation.

Aujourd'hui en a été un parfait exemple. Pendant que je travaillais avec l'OolaChercheur sur ce livre, nous avons entendu au loin la voix de nos enfants qui étaient de l'autre côté du lac. Nous avons levé les yeux de nos claviers pour vérifier et nous avons vu deux groupes d'enfants qui faisaient des signes de la main pour attirer notre attention. Un groupe était dans une chaloupe et l'autre sur une moto marine… lesquelles étaient en panne d'essence. C'était un incident banal dans le grand cirque de la vie. Malgré tout, cela ne m'a pas empêché de ressentir de la frustration. Combien de fois avais-je répété de vérifier le réservoir d'essence avant de partir pour la journée ? Un message tombé dans l'oreille d'un sourd.

Heureusement, ma frustration a été de courte durée. Quelque chose que j'ai appris de l'OolaChercheur m'a aidé en ce sens. C'était à l'occasion de notre dernier séjour dans les montagnes pour une séance de coaching. Il avait quitté le fond du baril et il était en train de retrouver son Oola. En outre, il venait d'acquérir un nouveau véhicule «bien à lui». C'était un modèle récent de Range Rover, à des années-lumière de la vieille Taurus. Un chouette véhicule. Nous étions en train de rouler sur l'autoroute lorsque nous avons entendu un bruit assourdissant. Un caillou tombé de la benne d'un camion de paysagement qui roulait devant nous venait de fissurer d'un coup le pare-brise de part en part. J'avais été non seulement pris par surprise, mais j'étais désolé pour lui. Il aurait eu toutes les raisons compréhensibles du monde de ressentir de la frustration, sinon de la colère. Or, immédiatement après avoir compris ce qui venait d'arriver, il a simplement augmenté le volume de la radio, puis il m'a regardé et a dit avec le sourire: «Hakuna Matata, pas de souci, c'est du passé. Il n'y a rien que nous puissions faire.» Puis il a continué à rouler sur l'autoroute comme si rien n'était arrivé.

Je repense encore à cette leçon que j'ai reçue lorsque je ressens de la frustration. Une colère persistante peut dégénérer en absence de pardon, en ressentiment et en perpétuel négativisme. Donc, chaque fois que je me sens frustré ou en colère, je me rappelle qu'il s'agit d'un obstacle à ma vie dans Oola, puis je vois un OolaChercheur souriant en train de regarder à travers le pare-brise fissuré, comme s'il n'y avait même pas de fissure.

****

Si vous ressentez de la colère ou que vous cédez facilement à la frustration, prêtez l'oreille à ce que le monde vous dit. Qu'est-ce que cette mésaventure vous a appris? Dans quelle mesure vous a-t-elle amené à prendre une direction différente? Le type qui vient de vous couper en plein trafic vous a peut-être permis d'éviter un accident quelques kilomètres plus loin. Une épouse infidèle et un divorce vous ont peut-être permis de commencer une nouvelle vie. Apprendre des choses qui vous arrivent peut susciter de vives émotions; cependant, il ne faut pas laisser ces émotions se mettre en travers de votre vie… votre OolaVie.

Chapitre 13

L'autosabotage

☛ ***Vous êtes imparfait et sujet aux épreuves, mais vous êtes aussi digne d'amour et d'appartenance.***

— BRENÉ BROWN

Vous avez peut-être remarqué un thème récurrent dans ce livre, en particulier dans la section OolaBloquants. Peu importe ce que vous avez fait ou omis de faire jusqu'à présent, vous êtes digne d'une OolaVie. Puisque Dieu vous a conçu pour que vous aspiriez à la grandeur et que vous entreteniez un objectif de vie, ne gaspillez pas vos efforts pour atteindre un équilibre et progresser uniquement pour vous retrouver au seuil d'une vie Oola et saboter le tout par votre propre faute.

De tous les OolaBloquants, l'autosabotage est celui qui relève le plus de l'inconscient. C'est un cycle tout ce qu'il y a de plus classique. Vous vous êtes efforcé de définir avec précision où vous vous situez par rapport aux 7 F d'Oola, d'élaborer un OolaPlan et de vous engager dans votre OolaVoie. Votre progression a exigé efforts et sacrifices. Puis vous commencez à récolter les fruits tangibles de cette démarche. Vous sentez l'élan que cette quête d'un meilleur équilibre de vie vous a insufflé. Vous avez l'impression de découvrir votre destinée personnelle. Puis, un beau jour, des soliloques inconscients et négatifs commencent à se faire entendre et vous en arrivez à la conclusion que tout ça n'est pas pour vous. Vous entreprenez alors un processus d'autosabotage. STOP. Encore une fois, quoi qu'il advienne, QUOI QU'IL ADVIENNE, croyez-nous sur parole lorsque nous affirmons que vous méritez de réaliser tous vos rêves les plus fous. Votre Oola vous attend.

OolaChercheur

Suivre le cœur ou la tête ?

Lorsque je pense à tous les OolaBloquants, celui qui se « démarque » le plus pour expliquer comment j'ai perdu Oola est la culpabilité. Mais est-ce vraiment le cas ? La culpabilité a peut-être été un précurseur, un collaborateur anonyme profondément enfoui dans mon subconscient. Et pourquoi donc ai-je laissé cette première assiette commencer à vaciller ? Mis à part l'arrogance dont je faisais preuve, y aurait-il eu un facteur additionnel ? Malheureusement, à toutes ces questions, la réponse est oui. Toutes.

À une autre époque, nous avons été très proches, l'OolaGourou et moi. Nous étions de grands amis dont les pensées, les rêves et les aspirations étaient similaires. Nous gardions le contact. Nous partagions nos rêves, comparions nos objectifs, échafau-

dions des plans et aspirions à l'équilibre et à la progression. Pourquoi nos routes ont-elles fini par emprunter des directions différentes ? Était-ce parce que j'avais fait ce que je pensais devoir faire et que le Gourou avait fait ce que son cœur lui disait de faire ?

Un de nos rêves les plus fous était de mettre sur pied une entreprise d'envergure internationale avec pignon sur rue dans un coin sympa de la planète. Lorsque cette possibilité s'est matérialisée pour le Gourou, il a suivi sa destinée. Il n'a pas hésité une seconde à quitter un excellent emploi. Avec son épouse et leurs trois jeunes enfants, il a déménagé à l'autre bout de la planète pour profiter d'une incroyable occasion d'affaires.

☛ ***Quoi qu'il advienne, QUOI QU'IL ADVIENNE, croyez-nous sur parole lorsque nous affirmons que vous méritez de réaliser tous vos rêves les plus fous.***

Dans mon cas, c'est la tête qui prenait les décisions. J'ai choisi la sécurité qu'apportent un revenu stable et un entourage familier. J'ai nagé dans le sens du courant, en quête du rêve américain. Or, jour après jour, mon cœur me disait que je n'étais pas au bon endroit. Je refusais d'entendre cet appel discret à suivre ma vraie destinée. Ce qui, à ce jour, continue de soulever la question suivante: « Ai-je ignoré à dessein cette première assiette vacillante ? » Ai-je saboté ma propre vie uniquement pour me sortir d'une situation que je voulais éviter, c'est-à-dire suivre l'élan de mon cœur ? Puisque l'autosabotage est un tueur silencieux d'Oola, cette possibilité est bien réelle. J'ai l'impression que cette idée s'est infiltrée en moi lentement et sans avertissement pour finalement me mordre le mollet… férocement. La culpabilité, l'autosabotage… difficile de déterminer le moment précis où le tout a commencé et de rejeter le blâme sur le facteur le plus important de ma descente aux enfers. Tout ce je peux affirmer, c'est que l'un comme l'autre sont, sans l'ombre d'un doute, des OolaBloquants de premier ordre.

OolaGourou
Une leçon de la part du gourou d'un gourou

En introduction à son livre à succès *L'alchimiste,* Paulo Cœlho décrit avec précision les obstacles qui nous séparent de notre vocation. À propos du quatrième et dernier obstacle, il écrit: «Oscar Wilde a dit: *Chaque homme tue ce qu'il aime.* Et c'est vrai. La simple possibilité d'obtenir ce qu'elle désire emplit l'âme d'une personne ordinaire de culpabilité. Nous observons ceux et celles qui ont échoué à atteindre leurs objectifs et nous nous disons que nous ne méritons pas de réussir non plus. Nous passons outre les obstacles que nous avons surmontés, les souffrances que nous avons endurées et les choses auxquelles nous avons renoncé pour arriver là où nous sommes. J'ai connu un tas de gens qui, une fois leur objectif de vie à portée de main, ont commis une série d'erreurs stupides et n'ont jamais atteint leur objectif – alors qu'il ne restait plus qu'un pas à franchir!

L'autosabotage demeure un mystère pour moi. Même si j'ai étudié le phénomène, je suis toujours incapable de le comprendre, intellectuellement parlant. L'autosabotage est comme la gravité: il n'est pas nécessaire de la comprendre pour savoir qu'elle existe. Je sais que l'autosabotage existe parce que je l'ai vu en action et à de nombreuses reprises. Je respecte grandement sa capacité à détruire les rêves.

Le témoignage lucide de l'OolaChercheur illustre clairement l'impact qu'ont eu les occasions ratées sur sa dégringolade. Combien de fois avez-vous vu un ami ou un proche se sacrifier pour perdre du poids, puis le reprendre alors que son objectif était à portée de main? J'ai vu et revu des individus trimer dur pendant des années pour atteindre leur objectif et finalement succomber à la dernière minute à la procrastination, à l'indécision et aux mauvais choix, ce qui se soldait par un échec alors que le fil d'arrivée était en vue.

À votre tour d'apprendre ce que Paulo Cœlho, un de mes gourous, m'a appris: «…si vous vous estimez digne de cette chose qui vous a demandé tant d'efforts à obtenir, vous devenez un instrument de Dieu, vous venez en aide à l'Âme du Monde, et vous comprenez pourquoi vous êtes ici.»

Comprendre ce concept et l'assimiler permettra d'éviter ce puissant OolaBloquant.

****

Dans ce livre, vous trouverez un guide simple en trois étapes pour équilibrer votre vie et la faire progresser. Nous allons également vous expliquer quels sont les sept aspects clés pour mener une vie incroyable. Ces trois étapes sont simples; les sept aspects clés sont clairs. S'il vous plaît, si vous faites l'effort de lire ce livre, d'apprendre les 7 F d'Oola, de remplir l'OolaRoue, de suivre l'OolaPlan et d'emprunter l'OolaVoie, n'allez pas saboter tous vos gains par une démonstration publique d'autodestruction inconsciente. Sachez que vous êtes digne de grandeur et d'un objectif de vie, et que Dieu en a voulu ainsi. Gardez votre esprit et vos bras ouverts au changement, aspirez à l'équilibre et à la progression, et accédez à la vie que vous méritez. Voir le fil d'arrivée ne suffit pas, il faut aussi le franchir.

Chapitre 14

La paresse

☛ ***Il faut éviter la paresse, cette sirène diabolique.***

— HORACE

Pensez à votre athlète préféré de tous les temps. Quel est votre artiste préféré? Songez aux personnalités du monde des affaires ou de la politique les plus influents. Tous ceux et celles qui sont au sommet de leur art ont une caractéristique commune – ce ne sont pas des personnes paresseuses. Ce sont des gens passionnés par la vie qu'ils mènent et qui ne ménagent aucun effort pour demeurer en position de tête. Lorsqu'on chemine vers Oola, il n'y a pas de place pour la paresse. Elle ne peut faire partie de votre vie. D'aucune façon et sous aucune forme. En résumé, la paresse est un obstacle à Oola.

Il y en a parmi vous qui mènent une vie équilibrée et qui progressent vers l'existence de leur rêve. Peut-être même vivent-ils déjà l'OolaVie. Certes, il leur faudra encore faire des efforts pour maintenir cette vie et continuer à progresser, mais des efforts moins intenses que s'ils étaient encore très éloignés d'Oola. Pour ceux et celles qui le vivent déjà, nous avons confiance que vous mettrez les efforts requis pour perpétuer cet état de grâce. Pour ceux et celles qui en sont très loin, ou qui progressent en ce sens, nous vous assurons qu'atteindre votre OolaVie mérite tous les efforts consentis pour y parvenir.

OolaChercheur

Pas de place pour la paresse

Voici un aperçu général de plusieurs de mes journées de père monoparental qui s'efforçait de retrouver son Oola au cours des trois dernières années de ma vie:

2 h 00: *Aller au lit*

6 h 40: *Mon foutu iPhone se met à sonner. Je réveille les enfants pour qu'ils se préparent pour l'école et je saute dans la douche.*

7 h 40: *Les enfants sont à l'école et je mets le cap vers Java Jœs, mon resto préféré. Et, oui, ils m'accueillent par mon prénom.*

8 h 00: *Mon emploi de jour commence.*

19 h 00: *Mon emploi de jour se termine. Je vais chercher les enfants, fait le covoiturage pour le soccer, retourne à la maison pour commencer les devoirs et les leçons, puis je laisse la soirée se terminer tranquillement.*

22 h 00: *Les enfants dorment et je commence mon deuxième emploi: le démarrage de mon entreprise Oola.*

COPIER-COLLER

Vous vous dites peut-être: Ce type n'a rien d'Oola. Sa vie me semble loin d'être en équilibre et en progression. *Si vous pensez ainsi, vous êtes dans l'erreur. Elle est en équilibre et en progression, et je dirais même en pleine ascension. Mais au cours des trois dernières années, ma vie a dû s'équilibrer et progresser à partir du fond du baril vers le haut.*

Et, oui, il m'a fallu y mettre les efforts. Il n'y a pas eu de place pour la paresse. Pas la moindre place!

☛ ***Une OolaVie exige un effort, mais les récompenses sont grandes et les fruits récoltés sont doux.***

Maintenant que je me rapproche de ma OolaVie, j'ai peine à mesurer l'effort, la souffrance et le travail acharné qu'il m'a fallu pour retrouver mon Oola. Mais s'il le fallait, je recommencerais. Le profond sentiment d'accomplissement associé à une vie avec Oola est trop gratifiant pour y renoncer.

Maintenant que mon Oola est de retour, j'ai vendu mon ancienne entreprise pour me consacrer entièrement à Oola. Je rate rarement un match de soccer, j'ai fait un voyage de dix jours en France avec les enfants, je suis en voie de me libérer de mes dettes d'ici la fin de l'année, je m'entraîne cinq fois par semaine et je me sens en pleine forme et d'attaque. Plus important encore, ma famille se porte formidablement bien.

Est-ce que tout ce travail et ces efforts en valaient la peine? Renoncer à la paresse en valait-il la peine? Poser la question, c'est y répondre. Les résultats parlent d'eux-mêmes.

OolaGourou
Nous embauchons

Tout est conçu de nos jours pour nous faciliter la vie. Dit autrement, tout est orienté vers la loi du moindre effort. Si vous n'y prenez pas garde, vous aurez tendance à vous complaire dans une paresse qui vous empêchera d'accéder à une OolaVie.

Aujourd'hui, et heureusement d'ailleurs, il n'est plus nécessaire de sortir de son véhicule pour ouvrir la porte du garage: suffit de pousser un bouton. Il n'est plus nécessaire de se lever du sofa pour changer de chaîne télé: suffit de pousser un bouton. Il n'est plus nécessaire de pousser une tondeuse à gazon: suffit de s'asseoir dessus. Il n'est plus nécessaire de passer trois heures dans la cuisine pour préparer un repas: suffit d'appeler quelqu'un qui le livrera.

J'aime l'efficacité. Je respecte l'efficacité. Je sais ce que nous devons au progrès et à la technologie qui ont rendu la vie plus efficace. Cependant, pour éviter que notre penchant culturel pour l'efficacité nous pousse à la paresse dans les aspects de notre vie qui requièrent un effort, la prudence reste de mise.

Si vous êtes un homme et que vous sentez que votre poitrine naissante tressaille pendant que vous roulez en voiture, n'allez surtout pas acheter un comprimé miracle. Trouvez un centre d'entraînement. Si vous traînez une dette, n'ayez pas aussitôt le réflexe de déclarer faillite. Retroussez-vous les manches, trouvez un second emploi, contrôlez vos dépenses et cherchez un moyen de vous en sortir. Si votre mariage est chancelant, n'appelez pas le cabinet d'avocats du genre «Divorce à rabais». Regardez ce que vous pouvez faire pour améliorer les choses et voyez si une réconciliation est possible. Si vous cherchez un sens à votre vie, ne restez pas les bras croisés à attendre la mort. Cherchez à découvrir quelle est votre place en ce monde. SI vous perdez votre travail, remplissez une demande d'emploi avant de remplir une demande d'assurance-emploi.

Récemment, ma famille et moi roulions en ville. Pendant un arrêt à un feu de circulation, nous avons aperçu un homme assis sur le trottoir. Il avait mauvaise mine. Mal rasé, vêtu de loques, le dos voûté et la tête basse, il tenait un seau et un écriteau qui disait: «Je cherche du travail. Dieu vous bénisse.» À l'unisson, les membres de ma famille m'ont demandé de lui donner quelque chose. Je leur ai répondu de regarder au-dessus de son épaule gauche, un peu plus loin de l'autre côté de la route: on pouvait apercevoir les célèbres arches dorées. Sur le devant du restaurant, il y avait un écriteau où était inscrit: «Nous embauchons». Je ne prétends pas connaître les détails de la situation de cet homme, mais je me rappelle m'être dit: «Cet homme n'a pas besoin de tenir un écriteau, il a besoin de tenir un crayon, de traverser la rue et de remplir une demande d'emploi.»

Je sais que mon attitude peut sembler intransigeante. De bonnes personnes peuvent connaître un revers de fortune et il faut parfois compter sur l'aide des autres ou de programmes pour s'en sortir. Il y a plein d'organismes qui œuvrent dans le domaine caritatif. Toutefois, si vous demandez de l'aide, celle-ci doit vous permettre d'avancer et non de faire du surplace. Faire l'effort de poser le bon geste renforce l'estime de soi et donne un élan qu'on ne peut mesurer.

****

Atteindre une OolaVie est une tâche simple, mais sans être facile. Il n'y a pas de place pour la paresse lorsqu'on chemine vers Oola. Cela exige un effort, mais les récompenses sont grandes et les fruits récoltés sont doux. Alors que vous progressez vers Oola, prenez le temps de vous observer – vos épaules sont plus droites, votre poitrine est plus relevée, votre tête est haute. Vous ne contenterez plus de regarder passer la parade.

Chapitre 15

L'envie

☛ ***L'envie, c'est l'art de compter***
les bienfaits de l'autre
plutôt que les nôtres.

— Harold Coffin

Il existe un lien entre l'envie et la jalousie. Elles appartiennent à la même famille. Elles font obstacle à votre cheminement vers Oola. De ces deux maux, l'envie est le pire. La différence entre l'envie et la jalousie? Vous êtes jaloux si vous voulez ce que l'autre possède. Vous souffrez d'envie lorsqu'en plus de vouloir ce que l'autre possède, vous souhaitez qu'il ne l'ait plus. Il s'agit de deux attitudes malsaines capables d'empoisonner votre vie et d'en éliminer la joie.

OolaChercheur
La Ninja noire

L'été 1986 a été la première et la dernière fois de ma vie où j'ai ressenti de l'envie ou de la jalousie. À mes yeux, l'envie n'est pas un OolaBloquant, mais je sais qu'elle existe et qu'elle peut empêcher des gens d'accéder à l'OolaVie qu'ils méritent, parce que j'en ai moi-même fait l'expérience.

Si vous avez grandi comme moi pendant les années 1980, vous vouliez soit épouser Tom Cruise (pour les femmes) ou être comme lui (pour les hommes). La scène du film Top Gun *où Maverick chevauche sa moto Ninja de couleur noire est une scène qui restera à jamais gravée dans ma mémoire. J'aurais tellement aimé survoler la route sur une Ninja noire. C'en était devenu une obsession.*

Rappelez-vous que mon expérience avec un véhicule à deux roues remontait à ma bicyclette rose brinquebalante à trois vitesses. Une Ninja était-elle si difficile à conduire? Suffisait d'apprendre. Si seulement je pouvais surmonter l'obstacle de n'avoir que cent dollars en banque, le tour était joué. Je ferais tourner la tête aux filles. J'ai alors échafaudé un plan: commencer à économiser de l'argent et m'exercer à rouler sur ma bicyclette à trois vitesses plus vite et avec plus de testostérone. Après avoir suivi ce plan pendant un mois, la pire catastrophe qui pouvait m'arriver s'est produite, et elle avait pour nom James.

☛ ***La scène du film* Top Gun *où Maverick chevauche sa moto Ninja de couleur noire est une scène qui restera à jamais gravée dans ma mémoire.***

Lorsque vous grandissez dans une petite ville, les jeunes femmes sont une denrée plutôt rare et la compétition pour attirer leur attention est féroce. Avez-vous vu ce documentaire où deux béliers se livrent un combat à mort sur le flanc d'une montagne ? C'est à ce point sérieux. Lorsque James s'est pointé à une fête avec sa nouvelle Ninja noire, le combat était engagé. Des images d'une motocyclette en train de déraper dans un nuage d'étincelles m'ont traversé l'esprit. J'ai souhaité qu'elle se transforme en tas de ferraille. La jalousie et l'envie n'étaient pas des mots assez forts pour décrire ce que j'ai ressenti à ce moment précis.

C'était un jeudi. James avait permis à un de mes bons amis (qui avait déjà conduit une moto) de rouler avec sa Ninja pendant toute la soirée. C'était ma chance. J'ai persuadé cet ami de me laisser enfourcher la moto. Une sensation incroyable. J'avais l'air impérial pendant que je traversais lentement la ville. Tom Cruise, c'était moi !

En fait, je l'ai été pendant exactement quatre minutes. C'est le temps qu'il m'a fallu pour me rendre compte que la Ninja était beaucoup plus puissante que la bicyclette rose. J'ai renversé sur le côté et c'était moi, le type en train de déraper sur l'asphalte avant de s'arrêter tout juste à côté de la Ninja cabossée. Une humiliation à la puissance dix. Une autre leçon de vie apprise... à la dure.

J'ai passé le reste de l'été à travailler uniquement dans le but de rembourser mon père pour les réparations de la moto. Encore aujourd'hui, il croit que je suis entré en collision avec la moto avec ma voiture (d'ailleurs, je vais l'appeler lorsqu'il arrivera à ce chapitre du livre). Cet événement m'a montré que l'envie n'était pas pour moi. Et elle ne fait toujours pas partie de la liste de mes OolaBloquants. Soit dit en passant, je n'ai jamais remonté sur une Ninja noire, ou sur n'importe quelle moto d'ailleurs !

OolaGourou
Mon frère et la flamboyante Pinto

Mon frère est une personne fantastique. De huit ans mon aîné, il est un de mes gourous, un ami et un mentor 24 heures sur 24. Il s'est occupé de moi pendant mon enfance. Il le fait encore aujourd'hui.

Nous avons une relation petit frère-grand frère comme on en voit souvent dans la classe moyenne américaine. Notre famille comptait quatre enfants et trois petites chambres à coucher. Le calcul est simple à faire. Mon frère était obligé de partager un lit avec moi, soir après soir. J'ai eu la chance d'avoir un père aimant qui a trimé dur pour subvenir aux besoins d'une famille de six personnes. Très dur. Il occupait deux emplois et il travaillait les weekends pour joindre les deux bouts. Sans qu'on le lui demande, mon grand frère a pris sur ses épaules des responsabilités supplémentaires. Il m'a appris à jouer au golf, à apprécier la musique (j'ai usé à la corde sa cassette huit pistes de Peter Frampton), à aimer les voitures et à respecter les autres. Il m'a donné une solide assise morale.

J'avais dix ans lorsque mon frère a quitté le foyer familial. Même si la maison semblait vide et que j'avais l'impression que c'était aussi le cas dans mon cœur, mon frère est parti pour entreprendre sa vie adulte dans le monde. Il a rapidement connu beaucoup de succès. Il a rencontré une femme formidable qu'il a épousée, il a gravi les échelons d'une incroyable carrière et il a commencé à jouir du succès matériel que le travail et la discipline peuvent apporter. Il possédait une Corvette neuve à dix-neuf ans, un chalet sur le bord d'un lac à vingt-sept ans et, peu de temps après, une maison sur le bord de la plage en Californie – tout en subvenant aux besoins des cinq membres de sa famille.

Au moment où mon frère vivait sa OolaVie, je venais de terminer mes études. Je conduisais une Pinto d'une couleur brun boueux avec un intérieur en vinyle orange-vomi (Pinto qui a fini par prendre feu et qui a été abandonnée sur le bord de la route afin que les pompiers la ramassent). Je traînais une lourde dette d'étudiant et je me croisais les doigts pour trouver un emploi suffisamment payant pour la rembourser. J'étais célibataire et athée. Mes seuls amis étaient mes camarades de classe. Mon poids atteignait 90 kilos (il est maintenant de 72 kilos). Vous vous dites peut-être que j'étais jaloux ou envieux de mon grand frère. Ce n'était pas le cas. Pas le moins du monde. Jamais.

C'est peut-être en raison de mon «cul bordé de nouilles». L'envie ne fait pas partie de mon ADN et j'estime que cette absence d'envie contribue à ma OolaVie. Je pense que ce trait a pour origine ma croyance en l'infinitude des possibilités. Pour pousser plus loin la réflexion, il serait utile d'examiner deux philosophies aux antipodes au sujet des ressources. Pour les fins de cet exemple, nous utiliserons l'argent.

Supposons que Bob possède un million de dollars. Doit-on en conclure pour autant qu'il existe un déficit d'un million de dollars ailleurs dans le monde? C'est ce que j'appelle une vision FINIE des possibilités. Les gens qui voient les choses ainsi ont un penchant pour la jalousie et l'envie. Ils croient que si vous l'avez, ils ne peuvent pas l'avoir, un peu comme si vous leur aviez enlevé. Je crois qu'ils se trompent.

Pour moi, les possibilités sont INFINIES. Prenons comme exemple une pièce remplie de chandelles non allumées. Imaginez un gymnase plongé dans l'obscurité. À l'intérieur, des pupitres d'un demi-mètre par un demi-mètre sont placés de manière égale à un quart de mètre de distance les uns des autres. Les pupitres occupent la totalité de l'espace. Au centre de chaque pupitre, il y a une chandelle éteinte. Les lumières sont éteintes et la pièce est sombre. J'entre dans le gymnase avec ma chandelle allumée. J'allume la première chandelle posée sur le premier pupitre, puis je prends cette chandelle et j'allume la suivante, puis la suivante et ainsi de suite. La pièce se remplit de la lueur des chandelles et ma chandelle reste inchangée, allumée et brillante.

En d'autres mots, si une autre personne a une OolaVie, rien ne vous empêche d'en avoir une. Les occasions sont sans limites. Offrez au monde quelque chose qui a une valeur, quelque chose d'utile, et vous en serez récompensé. Allumez la chandelle des autres pour illuminer toute la pièce. Voir le monde de cette manière rend impossible l'envie ou la jalousie. La voie qui mène à l'Oolavie sera clairement tracée devant vous.

****

Zig Ziglar a dit un jour: «Si vous voulez obtenir ce que vous voulez, aidez les autres à faire de même.» L'envie et la jalousie sont des émotions malsaines. Évitez-les, car non seulement vous n'obtiendrez pas ce que les autres ont, mais vous vous éloignerez d'eux. Rien de bon ne peut en résulter. Si d'autres ont ce que vous voulez, ne cédez pas à la jalousie, mais inspirez-vous d'eux. Ils incarnent ce qui est possible. Vous méritez d'avoir la vie de vos rêves. Vous en possédez le talent et les aptitudes. Aidez les autres et ils vous aideront en retour. Rappelez-vous que les possibilités sont INFINIES et non FINIES. Rejetez l'envie et la jalousie, et illuminez le monde!

Chapitre 16

La détermination

☛ ***Je ne crains pas l'homme qui a déjà donné 10 000 coups de pied, mais je crains l'homme qui s'est entraîné 10 000 fois à donner un coup de pied.***

— BRUCE LEE

La détermination est sans contredit un OolaStimulant. Elle peut cependant se transformer en OolaBloquant lorsqu'elle revêt l'une des deux formes suivantes: 1) un manque de détermination; 2) une détermination mal canalisée.

Un manque de détermination est la forme la plus fréquente des deux. Manquer de détermination empêche de faire preuve de la persévérance requise pour atteindre un équilibre et progresser. La quête vers Oola n'est pas pour les frileux. Cette détermination doit se manifester non seulement sur le court terme, mais aussi sur le plus long terme, pour atteindre cet objectif plus ambitieux: mener une vie équilibrée qui progresse dans les 7 F d'Oola… une OolaVie.

Dans cette culture du «acheter maintenant et payer plus tard», des repas aux portions gargantuesques (accompagnés d'une boisson gazeuse diète), du «je veux ce que je veux et je le veux maintenant…», différer sa gratification pour obtenir plus grand, c'est nager à contre-courant. Or, la gratification différée est Oola. Vous concentrer sur un objectif plus grand vous donne la force requise pour consentir aux sacrifices qui vous permettront éventuellement de l'atteindre.

Un manque de détermination produit l'effet inverse. Si vous manquez de détermination face à des objectifs plus nobles, mais plus lointains, vous achèterez ce que vous voulez quand vous le voulez, vous mangerez ce que vous voulez quand vous le voulez, vous vous retirerez d'une relation amoureuse dès le premier obstacle, vous vous assoirez devant votre téléviseur au lieu de jouer avec les enfants, vous resterez au lit le dimanche au lieu de fréquenter un lieu de culte. Vous vivrez uniquement dans le moment présent, puis vous vous réveillerez un beau jour et vous vous demanderez pourquoi vos rêves et vos projets de jeunesse ne se sont jamais matérialisés. Certes, nous cherchons tous à profiter des occasions qui se présentent, mais avec une réserve. Une devise Oola se lirait comme suit: «Vivez comme s'il n'y avait pas de lendemain, mais planifiez comme si vous aviez l'éternité devant vous.»

☛ ***Je l'avais, je l'ai perdue,***
je l'ai retrouvée pour ne plus
JAMAIS la perdre de nouveau!

Une détermination mal canalisée est un phénomène moins fréquent qu'un manque de détermination, mais tout aussi improductif dans votre quête vers Oola. Une détermination mal avisée est une détermination qui se concentre sur toute chose qui n'est PAS dans les 7 F d'Oola. Les dépendances sont des exemples évidents de détermination mal canalisée. Stupéfiants, alcool, pornographie, jeux de hasard et autres formes de dépendance vous empêchent non seulement d'accéder à une OolaVie, mais ils peuvent enlever tout l'Oola de la vie que vous menez déjà. Pensez à la relation qu'un dépendant peut entretenir avec les 7 F d'Oola: forme physique (aucune); finance (sans le sou), famille (divorce et solitude); travail (chômage); valeurs (au service uniquement de la dépendance); relations interpersonnelles (aucune, mis à part celles les autres dépendants et codépendants); plaisir (aucun). Il n'y a pas de condensé plus parfait de l'anti-Oola que cette définition de l'OolaBloquant qu'est une détermination mal canalisée.

OolaChercheur
Plus jamais

JE L'AVAIS, JE L'AI PERDUE, JE VEUX LA RETROUVER!

Jusqu'à présent dans ce livre, vous avez pu constater que ce slogan était un thème récurrent des témoignages que je livre. Si vous me suivez sur Twitter, sur Facebook ou sur l'OolaBlogue, vous ferez le même constat. J'ai répété ces neuf mots dans ma tête plusieurs fois par jour, mais avec un ajout. Du genre: «Je l'avais, je l'ai perdue, je l'ai retrouvée pour ne plus JAMAIS la perdre de nouveau!» Quiconque a goûté à une OolaVie et l'a perdue comprend exactement ce que je veux dire. Il est douloureux de perdre ce qui a exigé tant d'efforts à construire. La cicatrice qui en résulte me rappelle de ne jamais perdre ma détermination dans ma quête d'une OolaVie.

Lorsque j'ai renoué avec l'OolaGourou il y a plus d'une quinzaine d'années, nous consacrions régulièrement trois journées d'affilée à travailler sur Oola. Cette retraite avait pour but de trouver un équilibre et de progresser. Le premier jour, nous dis-

cutions de notre situation actuelle. La deuxième journée était consacrée au sens que nous voulions donner à notre vie. Le troisième jour portait sur le chemin qui nous permettrait d'accéder à notre OolaVie. J'attendais toujours avec impatience ces rencontres. Nous nous retrouvions dans des endroits vraiment sympa afin de nous enrichir et de nous soutenir mutuellement avec nos connaissances et notre créativité dans le but de concevoir un plan et de déterminer un itinéraire réaliste pour y arriver. Dès la semaine précédente, je ne tenais plus en place. J'étais comme un gamin à la veille d'une visite à DisneyWorld. Pendant la semaine qui suivait ces rencontres, je me sentais certes épuisé, mais aussi rechargé à bloc et plus déterminé que jamais face au chemin qui restait à parcourir. Me concentrer sur un objectif, sur l'OolaVie, a été un facteur clé qui m'a permis de réussir dans mon cheminement.

Je n'ai jamais été en déficit de détermination lorsque j'étais en quête d'une OolaVie ou que j'en vivais une. En fait, j'investissais tellement d'énergie et de passion dans la poursuite de mes objectifs que mon seul problème était de mettre cette détermination en mode veille au moment de me mettre au lit.

Par contre, quand tout allait de travers, j'ai eu de la difficulté à trouver la détermination requise pour me sortir du pétrin. Intellectuellement, je savais que je devrais trouver un équilibre et recommencer à progresser, mais c'était ardu. Un appel d'un créancier, un coup d'œil dans le miroir ou la vue d'un sac fourre-tout rempli en prévision du séjour de cinq enfants chez papa étaient des rappels constants de la situation très non-Oola dans laquelle je pataugeais. De quoi saper ma détermination. Heureusement, je trouvais toujours un moyen de puiser au plus profond de moi-même pour la retrouver. Que vous l'ayez maintenant, que vous l'ayez déjà eue ou que vous essayiez de la retrouver, restez concentré sur le résultat et sur l'importance d'une vie équilibrée et en progression. Et si vous avez la chance d'y arriver, conservez cette détermination afin de ne plus jamais revenir en arrière.

OolaGourou
Perdu dans le golfe Persique

Je me trouvais à Abou Dhabi pour affaires et j'étais au restaurant avec un groupe d'amis. La conversation était agréable et nous discutions de choses et d'autres. Lorsque nous avons abordé la question de la forme physique, le tout s'est animé. Tout le monde souhaitait être en meilleure condition physique. Une préoccupation typique des hommes de notre âge. Chacun essayait à sa façon d'y remédier, mais il n'y avait rien de vraiment convaincant.

Un de mes amis a mentionné qu'il y avait un triathlon organisé le matin suivant à Raha Beach. Comme c'était un de ses copains qui organisait l'événement, nous pourrions facilement nous inscrire. Puisque je suis du genre «toujours prêt pour l'aventure», j'ai été le premier à lever la main. Et finalement le seul à s'engager autour de la table.

Je suis un coureur à pied respectable, mais mon maillot de bain se limitait à un short de surf et je n'avais pas de bicyclette. Un des gars assis autour de la table m'a aussitôt offert de me prêter le sien, m'enlevant ainsi toute possibilité de retraite. Impossible maintenant de reculer.

Le lendemain matin, je me suis levé tôt afin que de passer chez le type qui me prêtait son vélo avant de me rendre sur le site de la compétition. Une fois sur place, je ne pouvais pas en croire mes yeux. Oui, c'était une bicyclette, mais plutôt du genre vieille bécane, un vélo de montagne de surcroît, trop haut pour moi (son propriétaire mesurait 1m90). Enroulé autour du cadre se trouvait un cadenas attaché au bout d'une chaîne qui ressemblait à celle dont se servent les bûcherons en Alaska. C'était tout sauf un vélo de triathlon. Je lui ai demandé si je pouvais au moins enlever la lourde chaîne afin d'alléger un peu ma monture; il a répondu: «Désolé, j'ai oublié la combinaison du cadenas.» Encore aujourd'hui, je demeure persuadé que le poids de cette chaîne dépassait le poids moyen des vélos utilisés lors de cette compétition.

Quoi qu'il en soit, je me suis présenté à la ligne de départ vêtu de mon short de surf et de mon vélo muni d'une chaîne. J'ai alors remarqué plusieurs gars assis par terre en train de se raser les jambes. J'ai compris alors dans quel pétrin je m'étais fourré. Ma crainte s'est confirmée lorsque, tout juste avant le début de la compétition, j'ai entendu dans un gros haut-parleur. «Et voici le numéro deux au monde, de Suède, Swen ...» La présentation de la crème des triathloniens s'est poursuivie pendant ce qui m'a semblé une éternité. C'était la première édition de cette compétition et comme le veut la tradition dans les Émirats, rien n'est fait à moitié. Ils avaient recruté les meilleurs au monde de la discipline. Et j'étais au beau milieu d'eux, avec mon short de surf et ma bécane avec sa chaîne de bûcheron.

Le pistolet de départ a retenti et les participants se sont lancés à l'eau. Tout était flou. La compétition de nage avait lieu dans l'océan et à l'époque, ma seule expérience de natation se limitait à nager vers le bord de la piscine pour prendre une boisson froide. J'ai eu besoin de toute la détermination dont je pouvais faire preuve simplement pour garder ma tête hors de l'eau et mes membres en mouvement. La nage semblait durer une éternité. La tête relevée, je continuais de battre des bras. Heureusement, c'était un triathlon de distance sprint et je me répétais que le fil d'arrivéene devait pas être bien loin.

Lorsque j'ai finalement regardé autour de moi pour évaluer ma position, il n'y avait plus aucun nageur en vue. Et je ne voyais même pas le fil d'arrivée. Je m'étais concentré à garder la tête haute ainsi que les bras et les jambes en mouvement, sans me préoccuper de la cible. J'avais fait preuve d'une détermination mal canalisée; pendant tout ce temps, mes amis étaient sur plage, me pointant du doigt et rigolant pendant tout ce temps.

****

La détermination est habituellement considérée comme un trait susceptible de vous propulser vers Oola, à moins qu'il s'agisse d'un «manque de détermination» ou d'une «détermination mal canalisée». On parle alors d'un OolaBloquant. Comme le dit cette célèbre citation de Zig Ziglar: «Si tu ne vises rien, tu feras mouche à tout coup.» Faites preuve de détermination pour accéder à la vie de vos rêves, mais sans vous éparpiller, et une Oolavie vous attend.

SECTION QUATRE

LES OOLASTIMULANTS

☛ ***La grandeur n'est pas cette particularité merveilleuse, ésotérique, insaisissable et divine qui est réservée à une poignée d'élus ; c'est quelque chose qui existe vraiment en chacun et chacune d'entre nous.***

— WILL SMITH

La section précédente portait sur les OolaBloquants. Les OolaBloquants sont nuisibles. Débarrassez-vous d'eux. Ils sont toxiques à de multiples niveaux et feront obstacle à la vie que vous désirez et que vous méritez.

Cette section porte sur les OolaStimulants. Les OolaStimulants sont incroyables. Ce sont les traits et les caractéristiques qui vous permettront d'accéder plus rapidement à une OolaVie. Si les OolaBloquants sont néfastes, les OolaStimulants sont bénéfiques. Étudiez-les, concentrez vos efforts sur eux, mettez-les en pratique et accueillez-les dans votre vie.

Les OolaStimulants accéléreront votre passage vers Oola. Point à la ligne.

Chapitre 17

La gratitude

☛ ***Par-dessus tout, faites preuve de gratitude et ayez la foi.***

— @OOLASEEKER

Si vous voulez accélérer votre cheminement vers Oola, injectez-y un peu de gratitude. Soyez reconnaissant pour là où vous êtes, là vous vous voulez aller et là d'où vous venez. Appréciez-le. Exprimez votre gratitude pour *chaque* étape de ce cheminement. La gratitude est la porte qui permet d'accéder à l'abondance que vous méritez. L'amour est la clé qui ouvre cette porte. Plus vous faites preuve de gratitude et plus vous recevrez.

La gratitude peut être à la fois facile et complexe à comprendre. Il est très facile de l'exprimer lorsque tout va bien. Vous pouvez être reconnaissant pour votre famille ou pour votre situation matérielle et professionnelle. Vous pouvez être reconnaissant pour des choses aussi simples qu'une succession de feux verts, une journée ensoleillée, une brise rafraîchissante ou des vagues parfaites. Mais pouvez-vous l'être également pour une succession de feux rouges, un jour de pluie, des vents violents ou l'absence de vagues? Nous croyons que vous le pouvez.

Bien entendu, il se trouvera toujours des individus pour se plaindre que le feu vert est trop vert, que la journée ensoleillée est trop ensoleillée, que le vent est trop venteux. Quant aux vagues, qui s'en soucie si vous ne faites pas de surf ou que vous n'aimez pas le son de l'océan? Personne n'est exempt certains jours de ce type d'attitude, y compris nous-mêmes. Lorsque cela vous est arrivé, qu'avez-vous ressenti? Plus ouvert à recevoir ou plus fermé?

Allons maintenant un peu plus profondément pour aborder des trucs beaucoup moins rigolos. Peut-on faire preuve de gratitude pour une perte d'emploi, un accident ou la maladie d'un enfant? C'est loin d'être évident. Cependant, ce que l'on prétend être des revers de fortune peuvent receler des cadeaux cachés qui prendront des mois, des années, voire une vie tout entière à se révéler. En matière d'émotions humaines, il n'y a rien d'anormal à ressentir de la tristesse, de la colère, de la frustration ou de la rage face à certaines situations; or, plus vite vous en comprendrez le sens et ressentirez une réelle gratitude pour l'expérience ainsi vécue, plus la porte s'ouvrira.

OolaChercheur
La gratitude dans l'épreuve

Pendant la rédaction de ce livre, le Gourou et moi avons vécu plusieurs moments émouvants. La plupart du temps, c'étaient des expériences et des anecdotes, parfois douloureuses, que nous avions vécues et qui nous faisaient rire aux larmes. À d'autres moments, ces larmes exprimaient une authentique gratitude. Nous partageons une vision commune. Nous éprouvons de la gratitude pour tout ce que nous avons reçu, le bon comme le moins bon. Vous avez les larmes aux yeux lorsque vous ressentez une gratitude profonde. C'est une sensation très particulière et je souhaite que tout un chacun d'entre vous éprouve de tels niveaux de gratitude.

Comme je le mentionnais précédemment, j'ai quatre sœurs avec qui je m'entends bien et que j'aime beaucoup. J'ai cependant une relation unique avec ma sœur qui me précède en âge – elle est plus vieille que moi de trois ans – car c'est avec elle que j'ai passé le plus temps. Nous nous sommes acquittés ensemble des corvées à la ferme et nous sommes allés ensemble aux pratiques de football et de basketball. Comme dans toute relation normale frère et sœur, nous nous sommes disputés, mais la plupart du temps, nous nous entendions très bien. Lorsque je pense à la gratitude, tout ce qui me vient à l'esprit est ma sœur et son histoire, laquelle a non seulement changé ma vie, mais celle de centaines de milliers de personnes (littéralement).

Ma sœur vivait en toute sérénité la vie de ses rêves. Une OolaVie. Elle avait épousé son amour d'adolescence, Yendor. Elle avait eu quatre beaux enfants aussi intelligents qu'athlétiques. Elle adorait également peindre… très Oola! Elle aimait sa vie et elle la vivait pleinement.

Pendant ma descente dans les bas-fonds, elle a été ma bouée de sauvetage. Je l'appelais quotidiennement et parfois toutes les heures. Elle m'apportait beaucoup de réconfort. Elle prenait toujours mes appels et me calmait quand j'étais stressé. « Il y a une raison pour chaque chose, me répétait-elle. Alors sois reconnaissant pour tout ce que tu as. »

Plus tard cette année-là a commencé la saison de football pour les écoles secondaires. Son deuxième fils, Jared, un joueur d'âge junior qui mesurait 1,87 mètre et pesait 88 kilos, occupait la position de demi offensif. Dire qu'il était un joueur rapide et athlétique est en deçà de la vérité. Il possédait non seulement ces atouts, mais c'était un adolescent intelligent, beau et travaillant, en plus d'être une des personnes les plus drôles que j'ai connues. C'était censé être l'année de Jared. Il avait eu une deuxième saison plus que respectable et il lui restait deux années pour décrocher sa bourse d'études en football universitaire.

Pendant le camp d'entraînement, Jared a commencé à ressentir de la douleur dans ses hanches et le bas de son dos. Puisqu'il n'était pas du genre à se plaindre, ses parents l'ont conduit chez un médecin. Après avoir pris quelques radiographies, ce dernier a remarqué une tache anormale dans l'os du bassin. Des tests supplémentaires étaient requis. Tout cela n'augurait rien de bon.

Les rôles ont rapidement été inversés. Mes problèmes me semblaient désormais dérisoires et c'était à mon tour de dire: « Il y a une raison pour chaque chose. Sois reconnaissante et tout va bien aller. » Voir ma sœur aussi inquiète et anxieuse pendant qu'elle attendait les résultats me chagrinait énormément. Était-ce vrai « qu'il y a une raison pour chaque chose » ? Même si je croyais sincèrement qu'il fallait « rendre grâce à Dieu », il était difficile de faire preuve de gratitude en de tels moments. Pourtant, ces mêmes circonstances ont été le moment décisif qui a conduit à cet Appel au Gourou.

☛ ***Nous vous mettons au défi de chercher la gratitude non seulement dans les bonnes choses, mais aussi dans les moins bons moments de votre vie.***

Peu de temps après, le médecin a confirmé qu'il ne s'agissait pas de simples maux de dos, mais d'une forme sévère de cancer des os. Dès lors, le monde s'est arrêté pour ma sœur et son mari. Ils ont dû faire des choix qu'aucun parent ne devrait jamais avoir à affronter. Le médecin a donné à Jared moins de dix pour cent de chances de survie, puis il l'a informé que le traitement serait très pénible. Jared a aussitôt répondu que dix pour cent était déjà un bon départ, car il se situait normalement dans le dix pour cent supérieur dans tout ce qu'il entreprenait. Il a dit aux médecins et à sa famille qu'il y a une raison pour chaque chose, que tout irait bien et en avant toute! Je pense qu'il est plus facile pour un adolescent de seize ans de se sentir invincible, mais pas si facile pour ses parents.

Ma sœur, son formidable mari et leur famille se sont consacrés entièrement au rétablissement de Jared. Les traitements de chimio et de radiothérapie ont commencé. Jared a miraculeusement pu jouer au football pendant ses traitements. Il courait comme un déchaîné, marquait des touchés et maintenait en tout temps une attitude positive. Ma sœur et moi parlions souvent ensemble et la majorité de nos conversations commençaient ou se terminaient avec ce qui la préoccupait ou ce pour quoi elle ressentait de la gratitude. Gratitude était notre mot clé. Nous en parlions souvent et nous l'utilisions comme outil pour composer avec l'absurdité qui accompagne le cancer.

Jared a suivi les traitements de chimio et de radiothérapie, et l'intervention chirurgicale qui visait à retirer la tumeur a été un succès. Jared est allé à son bal de fin d'études et au printemps, il a obtenu son diplôme d'études secondaires. Il a influencé un grand nombre de personnes, et il dit souvent qu'il a toujours su pourquoi il avait eu un cancer. C'était sa destinée de montrer à tous qu'il fallait être fort. Sa force de caractère a été le point de départ d'un mouvement «JJStrong». Tout le monde portait des tee-shirts et des bracelets JJStrong. Son site, CaringBridge, a accueilli plus de 200 000 visiteurs qui souhaitaient suivre ses progrès.

L'été qui a suivi l'obtention de son diplôme, Jared a reçu un diagnostic d'une forme rare de leucémie qui avait été provoquée par les durs traitements de chimio et de radiothérapie. Une autre guerre totale a été déclarée. Nous avons continué, ma sœur et moi, de nous parler sur une base quotidienne, plus au sujet de sa situation que de la mienne. Après avoir lutté pendant des mois, le corps de Jared en a eu assez. Son père et sa mère à ses côtés, Jared a rendu l'âme et nous a quittés. Avant de mourir, il a dit à ma sœur qu'il était reconnaissant que le cancer l'ait atteint lui, plutôt que de frapper ses frères ou ses sœurs, ses amis, ou les autres membres de la famille. Il a exprimé à Dieu sa gratitude de l'avoir choisi pour cette épreuve.

Il y a une raison pour chaque chose: Jared a inspiré des gens qui ont par la suite pris un peu plus de temps pour border leurs enfants. Il a inspiré des gens à prier et à aimer plus fort. Si je vis jusqu'à l'âge de 90 ans, il me sera difficile d'être à la hauteur de l'héritage que mon neveu a légué. J'ai consacré ma vie à faire en sorte que chaque journée compte, à contribuer à faire un monde meilleur, et à aider les gens où qu'ils soient à vivre mieux et plus heureux, à vivre une OolaVie. J'en ai pris l'engagement en mémoire de Jared. Je porte en permanence le bracelet JJStrong, et j'en porterai un jusqu'à la fin de mes jours (j'ai un sac qui en contient une centaine) pour me rappeler de toujours «Rester Fort – JJStrong» comme objectif de vie.

Faites preuve de gratitude: pour ma part, je me sens si privilégié pour tout ce qui se produit dans ma vie. Toutes les bonnes choses qui m'arrivent renforcent mon ambition de rester fort et chaque défi oriente mes actions. J'éprouve de la gratitude pour tout. Je ne sais pas comment ma sœur et son mari parviennent à passer à travers chaque journée depuis la mort de Jared, mais je leur suis reconnaissant pour l'exemple que leur force et leur foi nous offrent, à moi et à beaucoup d'autres.

Pourquoi s'en faire? Nous naissons, nous vivons, puis nous mourons. Nous empruntons tous la même voie. Certains n'y sont que pour quelques secondes, et d'autres pour 100 ans et plus. Nous sommes ici pour une raison et un but. Suivez votre cœur, aspirez à l'équilibre et à la progression, vivez pour votre objectif, non, LUTTEZ pour votre objectif et je crois… que tout ira pour le mieux!

OolaGourou
Le cadeau de Guangzhou

Depuis que j'ai acheté mon premier ordinateur en 1988, je tiens un journal intime dans lequel je consigne quotidiennement événements, voyages, pensées et humeurs. Je ne le montre à personne. J'écris uniquement pour moi. C'est ma façon de faire un retour en arrière, de réfléchir et même de ventiler. Je termine chaque entrée dans mon journal par un «G», suivi par un espace. G pour gratitude. Dans cet espace, j'écris au moins une chose. J'exprime chaque jour ma reconnaissance. La gratitude est le moyen de chasser tout le négatif qui s'accumule dans mon corps. J'ai constaté que lorsque je me sens profondément reconnaissant, mon corps se remplit de molécules joyeuses, ce qui ne laisse plus aucune place aux molécules toxiques.

Il nous arrive à tous d'avoir des pensées ou d'évoquer des souvenirs qui amorcent un élan de gratitude. Le genre de souvenir qui déclenche une chair de poule, qui fait dresser les cheveux sur la tête ou qui embue le regard de larmes. Dans mon cas, ce sont mes quatre enfants. Je peux jouer au dur dans presque toutes les situations, mais lorsque je vois mes enfants participer à un spectacle, recevoir une récompense, célébrer un anniversaire spécial, recevoir un quelconque diplôme, partir à l'université ou même s'asseoir autour de la table de la salle à manger, j'ai cette capacité à me transformer aussitôt en caniche. Je ne peux l'expliquer, mais peu importe la cause, ça ne s'améliore pas avec les années. Au point d'en devenir embarrassant. C'est peut-être héréditaire, puisque j'ai constaté ce comportement chez mon propre père. Je tolère ce comportement uniquement parce que je sais que ces larmes ont pour origine un sentiment de gratitude.

Nous avons trois enfants dont nous sommes les parents biologiques et une fille, notre cadette, que nous avons adoptée. L'adoption de notre fille d'origine chinoise a été un moment très émouvant. Nous savions qu'Alea deviendrait un membre de notre famille avant même sa naissance. Nous avions déjà une belle famille, mais nous savions qu'il restait un petit espace non comblé qu'elle remplirait parfaitement.

Le processus d'adoption est long, plus que nécessaire. Quiconque a déjà vécu ce processus sera d'accord avec moi. L'attente pour savoir si nous étions éligibles pour une adoption internationale, puis à quel moment nous pourrions procéder, nous a semblé durer une éternité. Au bout de plusieurs mois, et après une enquête approfondie (avec prises d'empreintes digitales et tout le reste), notre candidature a finalement été approuvée. On nous a dit que nous allions recevoir une proposition par la poste. Alea était déjà dans nos cœurs depuis un moment, mais nous allions finalement la voir en photo. Nous pourrions alors comparer cette photo avec l'image que nous nous étions forgée dans notre esprit. Nous piaffions d'impatience. Chaque heure semblait durer une journée et chaque journée une semaine. Le facteur livrait du courrier, puis le facteur repartait. Toujours pas de photo.

Puis un beau jour ensoleillé du mois de juillet, avec les larmes aux yeux, mon épouse est entrée dans la maison en brandissant une enveloppe en papier kraft. «Ça y est.» La photo était arrivée. Nous avons ouvert ensemble le précieux envoi. Elle était belle. De magnifiques yeux bruns qui semblaient dire «Je suis prête. Venez me chercher!» Nous avions hâte de partir pour la rencontrer. Cependant, Dieu avait d'autres plans. Nous étions en 2003 et l'épidémie de grippe aviaire venait d'éclater en Asie. Une interdiction de voyage a été décrétée. Finalement, nous ne sommes allés nulle part. Nous avons attendu. Et attendu. Chaque jour, nous regardions la photo posée sur le manteau de la cheminée. Nous nous demandions si elle allait bien, si on prenait soin d'elle, si elle avait suffisamment à manger, si on jouait avec elle. Une attente éprouvante. Nous avons raté son premier anniversaire de naissance.

Finalement, l'interdiction de voyage a été levée et nous avons réservé des sièges dans le premier vol disponible. Il s'était écoulé dix-huit mois depuis le dépôt de notre demande d'adoption. Les délais prolongés n'avaient fait qu'exacerber notre impatience. Seulement cinq journées nous séparaient du «Grand Jour». Pour que le temps passe plus vite, nous avons eu l'idée de faire une escale à Hawaï, puis de visiter Beijing avant d'arriver à notre destination finale, Guangzhou. Toutefois, il était difficile de rester concentrés et d'apprécier la beauté qui nous entourait alors que toutes nos pensées étaient occupées par la belle Alea.

Nous avons tous des souvenirs qui déclenchent une chair de poule, qui font dresser les cheveux sur la tête ou qui embuent le regard de larmes. J'en ai plusieurs de la sorte. Cependant, avec tous ces efforts, ces mois d'impatience et ces délais, le souvenir qui arrive en tête de ma liste est ce moment où ils ont amené Alea dans la pièce, qu'ils l'ont placé dans les bras de mon épouse et qu'ils ont dit: «Voici votre fille.»

****

La gratitude est un puissant OolaStimulant. Elle est fondée sur l'amour et l'amour est pur. Faire preuve de gratitude attirera davantage de bienfaits dans votre vie. Et davantage de bienfaits dans votre vie vous rapprocheront d'Oola.

Il est facile de ressentir de la gratitude pour toutes les bonnes choses que la vie apporte. Nous vous mettons au défi de faire de même non seulement pour les bonnes choses, mais aussi dans les moins bons moments. Nous vous mettons au défi de réfléchir à toutes les expériences négatives que vous avez vécues. Contenaient-elles des leçons plus profondes susceptibles de vous aider à améliorer votre sort? Est-il envisageable de faire preuve de gratitude pour la force acquise après avoir mis fin à une relation malsaine? Ou pour les occasions qui se présentent après la perte d'un emploi? Une expérience négative peut-elle nous apprendre quelque chose?

Cette expérience peut-elle nous permettre de modifier la trajectoire de notre vie vers une direction plus favorable? Cela peut prendre du temps, de l'introspection, de l'apprentissage, du soutien et des conseils, mais nous croyons que c'est possible. Cependant, il vous faudra peut-être creuser profonfément.

Nous insistons sur ce point parce que nous savons que si vous manifestez de la gratitude autant pour les bonnes choses que pour les moins bonnes que la vie offre, vous accéderez plus rapidement à votre OolaVie.

Chapitre 18

L'amour

☛ ***Il y a quatre questions importantes dans la vie…***
Qu'est-ce qui est sacré?
De quoi l'esprit est-il fait?
Qu'est-ce qui mérite qu'on vive et
qu'est-ce qui mérite qu'on meure?
La réponse à chacune est toujours la même.
Uniquement l'amour.

— JOHNNY DEPP, *Don Juan Demarco*

Phil dit qu'on ne peut le faire arriver plus vite, Paul dit qu'on ne peut l'acheter, Lionel pense qu'il est infini, Bowie pense qu'il est moderne, Meatloaf ferait tout pour l'avoir, Def Leppard pense qu'il mord, et les B-52 veulent construire une cabane pour l'abriter.

Nous, humains, *aimons* parler de l'amour. En fait, l'amour est mentionné dans le titre de 116 chansons qui ont été numéro un au palmarès. L'amour est la flamme qui allume les autres OolaStimulants. Nous aimons en parler, écrire à son sujet et le chanter, car l'amour est tellement puissant. Donner et recevoir de l'amour produit de la passion et la passion est le carburant de prédilection de l'autobus qui conduit à Oola.

☛ ***... Def Leppard pense qu'il mord***
et les B-52 veulent construire
une cabane pour l'abriter.

OolaChercheur
Option quatre, et toutes ces réponses

Je suis un doux et non un dur de dur. Il a toujours été plus facile pour moi d'aimer et de chercher des raisons d'aimer. Je suis le genre de gars qui a les larmes aux yeux quand sa fille a un numéro en solo lors d'un spectacle de danse. Toutefois, lorsque vous atteignez le fond du baril, la vie n'a plus rien de rigolo; vous vous sentez désespéré et l'amour est un peu plus difficile à trouver.

Au bout de six mois de séparation – l'époque du motel et de la Ford Taurus – j'ai vécu un moment d'illumination. Un de ces moments semblables à ceux de ces séries comiques à la télé. J'étais assis dans la Taurus, en pleine réflexion sur ma vie. Je savais que je devais prendre une décision. J'en étais encore à l'étape du refus d'appeler un avocat spécialisé dans les divorces. Je préférais arranger les choses en médiation plutôt que de vivre le processus légal dans toute sa brutale froideur. Mais le moment était venu d'évaluer mes options. C'est donc sur le conseil d'un ami récemment divorcé que je suis entré en contact avec une avocate. Il m'a dit qu'elle était la meilleure, peu importe ce que cela voulait vraiment dire. Assis dans ma voiture, je l'ai appelée. Le message préenregistré qui a résonné à l'autre bout du fil était du genre: «Merci d'avoir appelé le cabinet... Pour un cas de faillite, appuyez sur le 1. Pour un divorce, appuyez sur le 2. Pour une cause criminelle, appuyez sur le 3.»

J'ai attendu et comme il ne se passait rien, j'ai fini par comprendre la raison de cette attente. J'avais choisi la quatrième option: toutes ces réponses. Sans blague, je m'en souviens comme si c'était hier. Imaginez la scène: pendant que j'écoutais le message, je dressais littéralement une liste dans ma tête. Pour une faillite, appuyez sur le 1... Il se pourrait bien que j'en arrive là! Pour un divorce, appuyez sur le 2... C'était la raison de mon appel. Pour une cause criminelle, appuyez sur le 3... Je réfléchissais également à la possibilité de régler son cas à un de mes meilleurs amis qui n'avait pas perdu de temps pour flirter avec ma future ex-épouse... On verra plus tard.

J'ai éclaté de rire et j'ai compris deux choses. Premièrement, je n'étais pas en mode «amour», mais plutôt en mode «haine». Je voulais détruire tout ce que je percevais se trouver en travers de mon chemin.

Deuxièmement, je remercie Dieu de ne pas être un avocat et d'avoir à traiter ce genre de cas jour après jour. Je suis un adepte de l'amour, en tout temps et de manière inconditionnelle, quoi qu'il arrive. C'est une attitude plus saine à conserver. C'est la façon d'être le plus heureux et certainement le moyen le plus Oola d'y arriver.

OolaGourou
L'homme sur le quai de la gare

J'aime voyager. En fait, c'est ma forme préférée d'OolaPlaisir. J'étais dans ma période où je caressais le projet de visiter les sept merveilles du monde. Une des merveilles que j'avais le plus hâte de voir était le Taj Mahal. J'étais intrigué par sa structure basée sur le concept d'amour éternel.

D'après la légende, Shah Jahan était amoureux de son épouse. Profondément épris. Lorsque Mumtaz Mahal a succombé aux complications qui avaient suivi la naissance de leur quatorzième enfant, Shah Jordan a fait le serment de ne jamais se remarier et d'ériger au-dessus de sa tombe le plus somptueux des mausolées. Même s'il a fallu vingt-deux années et 22 000 ouvriers pour construire ce magnifique monument, Shah Jahan a tenu parole et a créé le Taj Mahal en hommage à sa défunte bien-aimée.

C'est cette histoire d'amour qui m'avait attiré à Agra, en Inde. Toutes mes attentes avaient été nourries de cette histoire et j'avais hâte de contempler cette magnifique structure. Cependant, dès l'instant où j'ai posé le pied à Delhi, j'ai eu un choc, dévasté par le degré de pauvreté et son étendue. J'ai été submergé par la culpabilité, moi, ce riche Américain qui avait pris un vol vers l'Inde en première classe et qui avait retenu les services d'un guide personnel, Anshul, uniquement pour rayer un item de sa liste de choses à faire.

Après être descendu d'avion et avoir passé les douanes, j'ai été immédiatement encerclé par des gens qui quêtaient de l'argent. J'ai regardé autour de moi. C'était un attroupement compact composé de quatre à cinq rangées d'individus. Certains souriaient, d'autres semblaient désespérés… mais tous tendaient la main. J'ai fouillé dans ma poche pour leur donner un peu d'argent, mais Anshul a pris mon poignet et a dit: «Ne faites pas ça…» J'ai suivi son conseil et j'ai sorti ma main de ma poche… restée vide.

Une fois seuls dans la voiture, Anshul m'a expliqué que si j'avais donné de l'argent à l'extérieur de l'aéroport, cela n'aurait fait qu'amplifier le chaos qui y régnait déjà. «Vous n'avez pas assez de monnaie dans votre poche pour en donner à chaque main tendue», a-t-il dit. Il a ajouté que si je voulais aider, le meilleur moyen était de passer par une œuvre de bienfaisance. Avoir une alternative à ma culpabilité m'a rassuré.

Deux jours plus tard, après une visite d'Agra et du Taj Mahal, nous sommes arrivés à la gare pour prendre le dernier train en partance pour Delhi. Couché sur le quai, la main levée, se trouvait un homme comme je n'en avais jamais vu. Il semblait âgé d'environ une cinquantaine d'années. De la tête à la taille, il semblait frêle et faible. Il devait peser moins que de trente kilos. Le bas de son corps était une tout autre histoire. Son pantalon était déchiré à mi-cuisse, car il ne pouvait contenir le volume de ses jambes. Ses chevilles et ses orteils ressemblaient à des prothèses grotesques. L'aspect qui m'a frappé le plus a été son gros orteil droit. Il avait la taille de mon poignet. J'ai craqué. J'ai mis la main dans ma poche pour lui donner quelque chose. Mais encore une fois, Anshul m'a arrêté.

Il m'a alors raconté l'histoire d'un médecin britanique à qui il avait servi de guide l'année précédente. Le médecin avait vu ce même homme. Il connaissait cette maladie. Elle a pour nom *éléphantiasis*. Si troublé par la vue de ce malheureux, il lui avait offert de le transporter par avion jusqu'à sa clinique, de traiter sa maladie et de le loger chez lui pendant sa convalescence. L'homme avait refusé. Anshul a ajouté que cet homme couché sur le quai de la gare était un des plus riches du village. Si sa difformité physique était corrigée, il semblerait normal et sa capacité à gagner un revenu pour lui et sa famille disparaîtrait.

J'ai fait ce voyage il y a une dizaine d'années. Ma décision de ne pas aider ces gens, et surtout l'homme sur le quai de la gare, me taraude encore. J'aime les gens et je me soucie de leur sort; je ne supporte pas la pauvreté. J'ai constaté que chaque fois que je pose un geste pour aider ceux que j'aime, je dois pousser plus loin ma réflexion, aller au-delà des émotions pour examiner la situation plus froidement. Si je donne de l'argent à l'homme sur le quai de la gare, est-ce que je l'aide vraiment ou je lui permets simplement de rester au même endroit? Est-ce que je l'aide de la bonne façon?

Nous laissons souvent les gens que nous aimons se comporter d'une façon qui leur est nuisible. Rien de plus facile, parce que nous les aimons et nous ne voulons surtout pas qu'il leur arrive quelque chose de fâcheux. Ce peut être aussi simple que ramasser nous-mêmes la pagaille de nos enfants, ou aussi difficile qu'apporter du soutien à une personne aux prises avec une toxicomanie, ou que retourner à plusieurs reprises dans une relation malsaine.

L'amour est un OolaStimulant. Cependant, si cet amour n'est pas pur et positif, il peut devenir toxique et se transformer en OolaBloquant. Cherchez l'amour pur. Un amour inconditionnel et authentique.

****

Il est bon d'aimer, peu importe la forme: sentiment amoureux, amour filial, amitié ou amour de sa patrie. Donnez-le et recevez-le. Si vous avez connu l'amour et que vous en êtes ressorti meurtri, vous devez pardonner et aimer de nouveau. Cet amour doit être authentique et inconditionnel. Prenez garde de rechercher l'amour malsain ou exprimé de manière malsaine. N'oubliez pas d'ajouter de l'amour envers vous-même. Entretenez une vision positive de vous-même, pardonnez-vous et agissez envers vous-même comme vous le feriez pour les autres. Si vous injectez de l'amour pur dans votre vie, vous accéderez plus rapidement à une OolaVie et cette quête sera plus gratifiante.

Chapitre 19

La discipline

> ☛ ***Ce que la paresse désire,***
> ***la discipline l'obtient.***
>
> — @OolaGourou

Lors d'une entrevue accordée à Travis Smiley et diffusée sur le réseau PBS, l'acteur Will Smith a résumé ainsi la raison de son succès: éthique professionnelle et discipline. Il a dit: «La seule chose qui, selon moi, me distingue des autres, c'est que je n'ai pas peur de laisser mes tripes sur un tapis roulant. Je vais courir, et personne ne mettra plus d'efforts que moi, point à la ligne. Vous pouvez être plus talentueux que moi, plus malin que moi, plus sexy que moi. Vous pouvez avoir toutes ces choses. Vous pouvez détenir la position de tête dans la plupart des catégories. Mais si nous faisons une compétition de tapis roulant, de deux choses l'une: vous abandonnerez le premier ou je vais y laisser mes tripes. Aussi simple que cela!»

Vous trouverez rarement quelqu'un qui a réussi à atteindre la vie de ses rêves sans posséder une solide éthique de travail et de la discipline. Oola n'est pas pour les indisciplinés.

OolaChercheur
Prédisposé pour la discipline

Je crois que si nous nous en donnons la peine, chacun de nous est capable de faire preuve de discipline. Bien sûr, certains sont plus doués dans ce domaine et d'autres un peu moins, mais il n'en demeure pas moins que nous pouvons tous en faire preuve. En tout cas suffisamment pour atteindre notre objectif de vie. Pour ma part, je ne partirais jamais en voyage avec mes enfants sans m'assurer qu'il y a assez d'essence dans le réservoir, que le niveau d'huile a été vérifié, que j'ai assez d'argent pour la nourriture et que je connais l'itinéraire que nous allons emprunter. Je sais que Dieu ne nous aurait pas donné un but à poursuivre sans nous donner également le carburant pour y arriver. Ce carburant a pour nom discipline et nous en avons tous une réserve suffisante.

Nous naissons, puis nous amorçons notre mission pour atteindre notre objectif de vie. À la naissance, tout le matériel dont nous aurons besoin se trouve déjà en nous, soigneusement entreposé. Tous nos OolaStimulants sont préprogrammés. Nous disposons d'une valise remplie d'amour, d'une glacière pleine de passion, d'un portefeuille bien garni en gratitude que nous pourrons utiliser en chemin ainsi que de toute la discipline requise pour l'utiliser à bon escient. Or, que se passe-t-il en cours de route? À un moment ou à un autre, nous commençons à croire que nous n'en valons pas la peine et nous perdons notre passion. Nous encaissons des coups, ce qui endurcit notre cœur et éloigne l'amour. Quelqu'un nous dit que nous ne sommes pas assez intelligents, pas assez attirants physiquement, pas assez grands, pas assez minces ou tout simplement pas au bon endroit au bon moment. Foutaise. Si de telles pensées vous habitent, le temps est venu de creuser plus profondément en vous et de trouver la discipline requise pour suivre votre plan et votre voie vers votre OolaVie!

Tout comme vous, je suis génétiquement programmé pour une discipline digne de ce nom. Mes arrière-grands-parents ont fait preuve de discipline pour quitter la Russie et l'Allemagne et traverser l'océan Atlantique pour immigrer aux États-Unis en quête d'une vie meilleure. Ils ont quitté Ellis Island en train pour se rendre au Kansas et de là, ils ont pris un chariot tiré par des chevaux pour se rendre au territoire du Dakota et prendre possession d'une terre non défrichée de 160 acres dans des conditions de vie difficiles. Une version «Navires, trains et chariots» du film «Avions, Trains et Automobiles», mais sans le plaisir. Qui pourrait croire que ces gens manquaient de discipline?

Une de mes anecdotes préférées remonte à 1946. Ma mère avait deux ans, son unique frère en avait trois et ma grand-mère attendait son troisième enfant. Mon grand-père avait été placé en quarantaine dans une infirmerie en raison de la tuberculose. Isolé pendant six mois pour éviter qu'il ne propage la maladie, on a fini par constater qu'il n'avait rien, et il a pu retourner chez lui. Le plus drôle dans cette histoire, c'est que même après avoir côtoyé pendant six mois des personnes atteintes de tuberculose, il n'a pas contracté la maladie et ne l'a jamais contracté.

Il est allé rejoindre sa jeune famille à la ferme, qui comprenait maintenant un nouveau bébé fille. Mais les temps étaient durs. Ils se remettaient à peine de la Grande Dépression, laquelle fut suivie par la Seconde Guerre mondiale. Mon grand-père avait été absent pendant une demi-année. L'argent était si rare que l'alimentation s'en ressentait. Le scorbut, une forme de déficience en vitamine C, sévissait. La solution: vendre tout ce qui était vendable pour acheter des oranges qui étaient à l'époque hors de prix. Grand-mère et les enfants mangeaient les oranges, et grand-père mangeait les pelures, parce que c'était tout ce qui restait. Discipline? Ai-je vraiment besoin d'en arriver à de tels extrêmes? Je ne crois pas.

Mes parents ont grandi dans le dénuement et ils ont trimé dur pour avoir tout ce qu'ils ont fini par posséder. Ils se levaient aux aurores, disons vers 4 h du matin, et ils travaillent jusqu'à tard dans la soirée. Ma mère a constamment été aux côtés de mon père. Leur objectif était de subvenir aux besoins de leur famille, et tous les deux ont fait preuve de la discipline nécessaire pour s'occuper de mes quatre sœurs et de moi-même – sans faillir! Je leur suis reconnaissant de l'exemple qu'ils m'ont donné et de la voie à suivre que leur éthique de travail et leur discipline m'ont montrée.

La différence aujourd'hui réside dans ce sentiment de satisfaction. Nous avons conclu que la vie est «suffisamment bonne», après tout. Il n'y a rien de «suffisamment bon» dans la médiocrité; c'est un péché. Quiconque se trouvera confronté à l'adversité et aux épreuves, comme celles qu'ont connues nos parents et nos grands-parents, devra trouver en lui la discipline requise pour les surmonter.

Nous sommes préprogrammés pour la discipline. Elle se trouve déjà en nous et nous pouvons toujours nous réapprovisionner pour que notre vie atteigne le niveau suivant. Il est hors de question que je descende du tapis roulant. Je refuse de ne pas atteindre mon objectif de vie. Certains OolaBloquants peuvent apparaître chemin faisant, et certains OolaStimulants peuvent montrer des signes de ralentissement, mais je ne pécherai pas par manque de discipline parce que je veux continuer à progresser. Vous disposez de toute la discipline voulue; trouvez-la et lancez-vous à la poursuite de votre OolaVie!

OolaGourou
Courir sous la pluie

Je viens de terminer mon jogging matinal… sous la pluie. Je n'aime pas vraiment courir. J'aime manger et courir me permet d'assouvir mon amour de la nourriture. Je préférerais de beaucoup rester assis avec mon épouse et prendre le temps de bavarder devant une tasse de café pendant cette oasis de calme qu'offre le petit matin, avant que les enfants ne se réveillent. Mais j'ai appris que si j'attendais le moment parfait – pas trop chaud, pas trop froid, pas trop pluvieux pas trop fatigué, pas trop courbaturé -, je ne m'entraînerais que deux fois par mois, au mieux. J'ai compris que si je prenais l'engagement de vivre une vie Oola, je devais faire preuve de discipline pour faire les choses que je n'aime pas particulièrement faire.

Pour être plus discipliné, j'ai adopté le concept de la gratification différée. Si la gratification différée était la norme pour la génération précédente, elle a depuis perdu tout son attrait. Aujourd'hui, nous le voulons, et nous le voulons *maintenant*! Et si nous le voulons maintenant, il y a toujours quelqu'un prêt à nous le donner, maintenant! Par exemple, si nous n'avons pas les moyens de nous offrir ce canapé, pas de problème: «Ne payez rien et aucun intérêt avant six mois.» Vous avez envie de quelque chose? Faites-vous plaisir! Il se trouvera toujours une pilule, une méthode ou un nouvel appareil rempli de promesses qui vous permettra de perdre ces kilos en trop. Vous manquez d'amour? Il est facile de trouver un endroit où vous pourrez trouver l'amour, ne serait-ce que pour une seule nuit.

Améliorer ma forme physique exige que je brûle plus de calories que je n'en consomme. Ne pas avoir de dette exige que je dépense moins que je ne gagne. Avoir des relations interpersonnelles saines exige de faire le tri entre le sain et le toxique. Grandir dans ma foi exige que je sorte de ma zone de confort et que je m'ouvre à une nouvelle façon de voir les choses. Progresser dans l'OolaPlaisir exige que je reste attentif à ce que j'aime faire dans mes temps libres. Tout cela exige de la discipline. La discipline est le carburant de la gratification différée et la gratification différée mène à l'OolaVie. La récompense finale n'en est que plus douce.

☛ ***Il suffit d'adopter la gratification différée et de la rendre sexy à nouveau.***

Mon exemple personnel extrême de discipline a été de participer à un Ironman. Encore une fois, je ne suis pas une personne portée vers l'exercice, mais j'entretiens un désir profond de me mettre au défi, de trouver l'équilibre et de progresser. Une compétition Ironman consiste en une épreuve de natation de 3,8 km, suivie par 180,2 km de cyclisme et finalement par un marathon de 42,9 km. Un défi considérable, surtout pour un gars qui, à peine quelques années auparavant, était incapable de courir jusqu'à la boîte aux lettres.

Tout est possible. Je l'ai compris lors d'un marathon auquel j'avais participé quelques mois auparavant et où j'ai vu une femme qui courait le marathon complet avec une prothèse de jambe. Je l'ai aperçue uniquement de dos et brièvement, car elle m'a dépassé en coup de vent. Elle m'a montré ce qui était possible. Je peux terminer un Ironman.

Comme je souhaitais conserver un équilibre de vie et que je ne voulais pas trop rogner sur le temps passé avec ma famille, mes amis et ma carrière, je me levais à 4 h 30 du matin pour mes entraînements. Avant ma préparation pour l'Ironman, mes seules autres expériences avec les levers au petit matin étaient en lien avec une canne à pêche ou encore avec mes années à l'Université du Wisconsin (aucun lien entre les deux).

À 4 h 30 du matin, il fait encore noir, très noir. Dans le nord du Minnesota, il fait froid. Un lever typique commençait pour une rasade de boisson énergisante, une combinaison isothermique et une nage autour du lac dans la noirceur. C'était le début de l'été et la température de l'eau avoisinait les 15 °C. Une légère vapeur flottait au-dessus de l'eau et ma peau exposée (mains, pieds et visage) était engourdie au moment où je passais devant le quai de mon frère. Après mon entraînement de nage, le soleil se trouvait encore sous l'horizon, mais il y avait une lueur suffisante pour que je puisse voir. Je m'exerçais à faire une rapide transition vers le vélo que j'enfourchais pour une balade de trois à quatre heures (80 à 112 km). Le soleil était maintenant levé, ce qui m'encourageait à passer à la course à pied pour un entraînement de 9 à 22 km. J'essayais toujours de revenir à la maison avant 10 h. Avec un sourire un peu forcé accroché au visage, j'étais prêt à répondre aux demandes du travail ou de la maison.

Le meilleur souvenir que je conserve du jour de la compétition a été le dernier kilomètre de la dernière portion de la course. J'étais au kilomètre 41, à seulement 1,9 km de la ligne d'arrivée. À cet instant précis, j'étais en mouvement depuis une quinzaine d'heures, sans arrêt. J'étais épuisé et tout juste devant moi, j'ai vu une côte. Une côte peut être pénible au kilomètre 1, alors imaginez au kilomètre 41. À moins d'être un fou sadique, la personne qui avait planifié le parcours ne devait jamais avoir participé à un Ironman. Arrivé au pied de la côte, j'ai baissé la tête (c'est ma position «coûte que coûte») et j'ai continué à bouger les jambes. Je me suis dit qu'il était hors de question que je marche. J'ai continué à courir mais, j'en suis certain, à un rythme plus lent que celui de la marche.

C'est à cet instant précis que j'ai entendu au loin de la musique. Le son se rapprochait et devenait de plus en plus fort. Au bout de quelques secondes, la musique était suffisamment perceptible pour que je reconnaisse la chanson «I Gotta Feeling» des Black Eyed Peas. Les paroles parlent d'une soirée qui s'annonce belle. J'ai relevé la tête et j'ai aperçu à ma gauche un type à bicyclette. Sur le porte-bagages, il y avait une *boom-box* (une référence aux années 1980) retenue par des sangles, le volume au maximum. Il m'a regardé dans les yeux, comme s'il voulait me dire «Pigé?», puis il m'a accompagné jusqu'au sommet de la côte. J'espère que cette personne sait à quel point j'ai apprécié son geste. C'était exactement ce dont j'avais besoin au moment où j'en avais besoin. Cette soirée-là a effectivement été une belle soirée.

****

Tout est possible avec de la discipline et de la gratification différée. Personne n'est parfaitement discipliné et la discipline parfaite n'est pas une obligation pour une vie Oola. Si vous vous fixez l'objectif de faire de l'exercice trois fois par semaine et que vous ratez un entraînement, n'abandonnez pas. Revenez à votre routine. Si vous prenez la résolution de ne rien manger après 19 h, mais que vous manquez à cet engagement lors d'une sortie avec des amis, pas de problème. Revenez dans le droit chemin le lendemain. Il suffit de faire mieux la prochaine fois.

La discipline réside à l'intérieur de vous. Apprenez à puiser dans cette incroyable ressource. Il suffit d'adopter la gratification différée et de la rendre sexy à nouveau.

Les récompenses qui ne sont pas immédiates ont une signification plus profonde, une valeur plus profonde. La discipline est l'OolaAccélérant qui aura un impact immédiat sur tous les 7 F d'Oola, puisque plusieurs d'entre eux exigent de vous sacrifier maintenant pour une récompense plus tard. Cela exige de la discipline.

Dans quel domaine de votre vie pouvez-vous faire preuve d'une plus grande discipline? Prouvez-vous à vous-même que la discipline est en vous et vous accélérerez votre quête vers Oola.

Chapitre 20

L'intégrité

☛ ***Mes héros sont des personnes ordinaires qui travaillent fort et qui font preuve d'honnêteté et d'intégrité.***

— JORDIN SPARKS

On définit l'intégrité comme «l'adhésion à des principes moraux et éthiques; la justesse des valeurs morales; l'honnêteté.»

Qui peut prétendre que l'intégrité est une mauvaise chose? Nous aspirons tous à agir de manière intègre. Le problème se pose en raison du simple fait que nous sommes des êtres humains et que nous faisons des erreurs. Des erreurs parfois énormes et évidentes. Parfois subtiles et difficiles à cerner.

Si vous êtes animé d'un profond désir d'équilibre et de progression dans votre vie et que vous avez une image claire de la vie de vos rêves, prenez garde de faire le pas de trop et d'outrepasser cette ligne floue pour prendre un raccourci. L'envie d'atteindre un objectif plus rapidement peut être tellement forte que même le meilleur d'entre nous utilise la justification pour succomber et agir de manière contraire à l'intégrité. Cependant, le tout finit toujours par nous rattraper et par préparer des lendemains qui déchantent.

Agir sur la base de principes moraux et éthiques vous permettra d'accéder à la grandeur et accélérera votre quête vers Oola. Cependant, au début, il est possible que ceux et celles qui sont prêts à transgresser cette ligne prennent une longueur d'avance. Laissez-les passer. Vous les croiserez de nouveau en chemin lorsqu'ils subiront les conséquences de leurs mauvais choix, alors que vos efforts seront remarqués et récompensés.

OolaChercheur
L'accumulation de justifications

Je vais formuler une hypothèse un peu folle. Même s'il a le «cul bordé de nouilles», l'OolaGourou est aussi M. Intégrité. Je suis un peu embarrassé d'avouer que j'ai entendu le mot «intégrité» pour la première fois pendant mon stage avec l'OolaGourou, il y a plusieurs années. Je me rappelle que ce mot semblait séduisant et important. Je me rappelle avoir cherché à mieux en comprendre le sens. Je me rappelle aussi m'être dit: «Mon gars, l'intégrité n'est pas ton fort.» Je ne cherchais pas volontairement à vivre une vie où l'intégrité est absente, mais j'ai compris alors que j'enregistrais un déficit de ce côté.

Laissez-moi vous expliquer: bienvenue dans mon cerveau. Voici une journée typique à l'intérieur de ma tête. L'alarme résonne à 6 heures du matin afin que je puisse avoir le temps de faire un court entraînement avant de commencer ma journée. Toutefois, si j'ai travaillé jusque tard dans la soirée, je me sens justifié de ronfler trente minutes de plus, quitte à remettre l'entraînement à plus tard. C'est donc après avoir appuyé à trois reprises sur le bouton «snooze» de mon réveille-matin que je me finis par me lever et prendre une douche. Je m'inspecte rapidement devant le miroir, une serviette enroulée serrée en dessous de mon nombril. Je me pose la question: De quoi ai-je l'air ce matin? *Si la réponse me satisfait, voilà une autre raison de ne pas m'entraîner. Sans compter que je me suis entraîné la veille. Puisque j'aime le reflet que me renvoie le miroir, qui se soucie vraiment que ma OolaVoie dit de m'entraîner cinq fois par semaine? Qui plus est, je dispose désormais de plus de temps pour abattre encore plus de boulot! C'est ma deuxième excuse… et ce n'est pas fini.*

☛ ***Si vous vous êtes menti constamment à vous-même au cours de votre vie, VOUS finirez par ne plus VOUS croire.***

Je m'habille et je me dirige vers le frigo pour mon petit-déjeuner. Il y a des choix sains et des choix malsains. Avec en tête une image faussée de moi-même en raison du miroir embué, j'opte pour le choix numéro deux et j'enregistre la troisième justification de la journée – et il est seulement 7 heures du matin! Ouais, j'ai eu une sacrée bonne journée hier – je vais aller me chercher un café afin de célébrer un travail bien fait. Numéro quatre! Le reste de la journée est rempli de: Oh, j'ai oublié d'appeler ce type; j'ai l'impression d'oublier quelque chose aujourd'hui; je sais que j'ai dit que nous allions nous rencontrer à midi, mais peut-on remettre ça à midi trente?

Les justifications et le manque d'intégrité s'accumulent sans même que je m'en rende compte. À la fin de la journée, au lieu d'avoir remporté plusieurs petites victoires, j'ai le sentiment d'avoir échoué et d'avoir laissé tomber un tas de gens, y compris moi-même.

L'intégrité est un important OolaAccélérant et le manque d'intégrité est un important OolaBloquant. Si l'amour est l'accélérateur qui entrouvre la porte, et si la gratitude garde cette porte toute grande ouverte pour laisser passer les bienfaits qui viennent vers vous, l'intégrité est le butoir de porte en caoutchouc qui empêche cette porte de se refermer. Grâce à l'intégrité, vous pouvez vous aussi avoir le «cul bordé de nouilles» et accélérer votre quête d'une OolaVie. Parmi toutes les personnes que je connais, l'OolaGourou est cellequi possède le plus haut standard d'intégrité. La solution que j'ai trouvée pour m'aider à ne pas déroger à mon intégrité consiste à planifier ma journée la veille afin de dresser une liste de choses que je vais commencer à faire, une après l'autre, dès mon réveil. De plus, si j'ai promis d'appeler quelqu'un ou pour une rencontre à l'heure du lunch, je l'entre dans mon téléphone et je programme des rappels pour ne pas oublier. Si vous vivez une vie intègre, ne changez rien. Si vous avez de la difficulté avec l'intégrité comme c'est mon cas, faites un effort conscient pour améliorer cet OolaStimulant.

OolaGourou
Les petites victoires

Lorsque j'établis mes objectifs annuels dans le cadre de mon OolaPlan (que nous verrons plus en détail au chapitre 25), je prends cette démarche très au sérieux. D'aussi loin que je me souvienne, j'ai toujours procédé ainsi. Je commence à y penser vers la fin du mois de novembre, puis vers la mi-décembre, je couche le fruit de mes réflexions sur du papier avec un crayon de plomb, puis je réécris le tout avec un crayon à l'encre le 1er janvier. Si je prends cette démarche à ce point au sérieux, c'est parce que l'expérience m'a montré qu'habituellement, ce qui a été écrit finit par se concrétiser. En fait, il s'agit davantage d'une liste de choses à faire que d'objectifs à atteindre.

C'est en grande partie à l'intégrité que j'attribue ma constance au niveau des objectifs à atteindre. J'utilise ce mot non pas dans son sens le plus courant, c'est-à-dire agir de façon intègre avec les personnes avec qui vous avez des interactions sur une base quotidienne (ce qui est évidemment très important et très Oola), mais dans ce cas précis, je parle plutôt de rester intègre avec soi-même.

Par exemple, supposons que nous sommes le 1er janvier et que vous vous fixez l'objectif de perdre vingt kilos en trois mois. Vous en prenez l'engagement. Vous vous inscrivez à un centre de conditionnement physique, vous achetez des fruits et des légumes en grande quantité et vous faites même l'acquisition de vêtements d'entraînement dernier cri. La première semaine, vous vous entraînez quotidiennement, vous vous affamez et vous perdez trois kilos. La semaine suivante, vous vous entraînez à seulement deux reprises et vous vous laissez un peu aller côté alimentation. La troisième semaine, vous renoncez complètement. Quelles pensées vont vous traverser alors l'esprit? Vous avez conclu une entente avec vous-même de suivre un plan et de perdre vingt kilos et vous avez dévié de ce plan dès la troisième semaine. Vous vous êtes menti à vous-même et, par conséquent, vous avez manqué d'intégrité envers vous-même. Vous vous sentez coupable et la culpabilité est un OolaBloquant. Vous vous retrouvez en plus mauvaise posture que si vous n'aviez rien fait du tout.

Utilisons un autre exemple: toujours le 1er janvier, vous décidez que vous allez respecter à la lettre un budget écrit. Au début, tout va bien, puis vous avez un pépin avec les pneus de la voiture et vous défoncez votre budget. Vous jetez alors ce budget à la poubelle et vous revenez à vos anciennes habitudes. Encore une fois, vous avez brisé l'entente conclue avec vous-même. Vous avez manqué d'intégrité envers vous-même.

Dit autrement, vous ne croyez plus en vous! Chaque fois que vous vous fixez un objectif et que vous échouez, votre intégrité face à vous-même en souffre. Si un ami vous mentait constamment au fil des ans, vous finiriez par ne plus le croire. C'est la même chose avec vous: si vous vous êtes menti constamment à vous-même au cours de vote vie, vous finirez par ne plus vous croire. Je vais perdre du poids. Je vais économiser de l'argent. Je vais cesser ce comportement destructeur et plutôt adopter ce comportement plus sain. Tous ces mots perdent leur sens en raison de cette tendance à ne plus respecter votre propre parole.

Heureusement, il existe un moyen de briser ce cercle vicieux: commencez à respecter votre parole… envers vous-même. Pour ce faire, vous pouvez créer une «culture de gagnant». Il vous suffit d'avancer à petits pas, dans le sens de votre objectif plus ambitieux, qui sont facilement atteignables. Je procède toujours de cette manière et j'attribue en grande partie à cette approche toute simple l'efficacité de ma OolaPlanification.

Par exemple, si je veux perdre du poids, mes objectifs pour les deux premières semaines pourraient se lire comme suit: ne pas manger après 21 h, boire deux verres d'eau chaque jour et marcher trois fois par semaine pendant vingt minutes. Rien de majeur, mais des objectifs tout à fait atteignables qui vont dans la bonne direction. Au bout de deux semaines, et si vous respectez vos engagements, vous sentez que vous progressez. Au lieu de vous sentir coupable d'avoir brisé votre entente avec vous-même, vous profitez de l'élan que procure une réussite, même mineure. Après une série de petites victoires, vous êtes lancé. Vous savez dorénavant que vous allez faire ce que vous dites. Au lieu d'être en mode «tête basse et épaules rentrées»pour avoir manqué à votre parole, vous serez dans un mode «tête haute et poitrine bombée». Votre gagnez en confiance et vous commencez à vous sentir invincible. Vous avez inversé la vapeur dans le bon sens.

Je sais que vous le comprenez. Il suffit maintenant de vous en convaincre.

****

Souffrez-vous d'un manque d'intégrité? Respectez-vous la parole donnée aux autres? Qu'en est-il face à vous-même? Et face à toutes les petites choses?

Évidemment, il est important de rester intègre face aux autres. Si vous le faites, vous finirez toujours par en sortir gagnant. Pour atteindre plus rapidement un objectif, ne faites aucun compromis sur le plan de l'intégrité. La culpabilité engendrée en faisant un compromis face à quelque chose que vous savez juste éclipse tout gain à court terme.

En plus d'aspirer à vivre une vie d'intégrité face aux autres, n'oubliez pas l'intégrité face à vous-même. Établissez des objectifs qui concourent à votre croissance personnelle, mais subdivisez-les en étapes qui sont réalistement atteignables afin d'établir une culture de gagnant. L'élan acquis par l'accumulation de petites victoires, combiné avec une confiance renouvelée en vos moyens, vous procurera toute l'énergie dont vous avez besoin pour accéder plus rapidement à la vie de vos rêves.

Chapitre 21

La passion

☛ ***Si vous mettez tout votre cœur dans ce que vous croyez, même au point de vous rendre vulnérable, des choses incroyables peuvent et vont arriver.***

— Emma Watson

La passion est clairement un OolaStimulant. Si la vie était un jeu de cartes, la passion en serait la carte atout. Une passion suffisamment intense peut neutraliser beaucoup d'OolaBloquants comme la peur, la colère ou la paresse. Par exemple, si la perspective de parler devant un public déclenche en vous une peur irraisonnée, vous surmonterez votre peur et vous livrerez votre message si ce que vous avez à dire vous passionne. Utilisez votre passion comme levier pour vaincre les obstacles.

OolaChercheur
Vivre sa passion à 1 000 km/h

Au moment où j'écris ces lignes, je me trouve à 10 000 mètres au-dessus de l'océan Atlantique en direction de la France en compagnie de mes enfants. Il n'y a jamais eu de meilleur moment que celui-ci pour écrire ce chapitre sur la passion. La passion est la force, le carburant qui se trouve derrière chaque chose ou chaque événement créé par l'homme dont nous profitons aujourd'hui. Si je suis présentement dans cet avion, c'est parce que des gens ont été passionnés par la conquête des airs. D'autres se sont passionnés pour les nouvelles technologies, le GPS, la production à grande échelle ou le transport des personnes partout à travers le monde. Regroupées ensemble, toutes ces avancées et ces passions expliquent pourquoi un père monoparental, ses quatre filles et son fils sont en route vers Paris.

Lorsque nous avons commencé, l'OolaGourou et moi, à planifier les différents chapitres de ce livre, je me suis mis à écrire sur le sujet qui me passionnait à ce moment-là. J'ai écrit pendant les nuits sans étoiles les plus noires dans le chalet situé sur le bord d'un lac dans le nord du Minnesota, j'ai écrit sous l'ombre d'un palmier pour me protéger du soleil de Phœnix pendant que j'attendais le début du match de soccer de ma fille et j'ai écrit dans les montagnes pendant mes promenades avec mon chien. Tous ces endroits ont créé l'inspiration pour coucher sur papier, et ensuite dans ce livre, ma passion pour Oola. D'ailleurs, y a-t-il moment plus propice pour écrire au sujet d'une passion que le moment présent ?

En fait, tout ce qui me passionne le plus à propos de ce monde est en ce moment précis avec moi. Je ressens une passion profonde pour ma famille, mes enfants. Ils sont tous autour de moi présentement, profondément endormis. Malgré l'inconfort extrême qui résulte d'un voyage de dix heures en classe économi-

que, ils dorment et, espérons-le, ils rêvent à l'aventure qui les attend.

L'aventure est également une de mes grandes passions. D'aussi loin que je souvienne, j'ai parcouru le monde mentalement dans ma tête et je suis reconnaissant aujourd'hui de pouvoir le faire physiquement.

☛ ***La peur, la culpabilité, l'auto-sabotage, la paresse, l'envie et la détermination ne font pas le poids face à la passion. La passion les dépasse tous.***

Oola – c'est-à-dire me lancer à la poursuite d'Oola, écrire à propos d'Oola, créer une entreprise axée sur Oola et vivre Oola – est ce qui m'a passionné le plus au cours des trois dernières années. En rétrospective, les trois sujets qui reviennent le plus souvent dans mon OolaPlan et ma OolaVoie sont les suivants: famille, voyage et Oola.

J'ai encore de la difficulté à croire qu'il y a trois ans à peine, j'étais au fond du baril et que maintenant, je me sens au sommet du monde et que je me déplace à près de 1 000 km/h. Même si cet avion vole vers Paris, j'ai l'impression de me diriger vers la vie de mes rêves à cette même vitesse. Si j'ai pu progresser à ce rythme, c'est grâce à la passion. La passion est un carburant.

OolaGourou
Charlie, le singe ivre

J'étais en Thaïlande en compagnie de ma famille. À notre premier jour sur la plage, nous avons aperçu au loin un éléphant qui jouait dans l'eau avec des enfants. De toute évidence, il s'agissait d'un animal bien dressé qui aspergeait les enfants d'eau et en projetait même quelques-uns vers une partie plus profonde avec sa trompe. Mes enfants n'en croyaient pas leurs yeux. Leur nouvel animal préféré serait, du moins pour la semaine à venir, cet éléphant.

On nous a alors parlé d'un endroit situé dans la pointe sud de l'île où nous pouvions faire des promenades dans la jungle à dos d'éléphant. Nous étions partants.

Puisque cet endroit jouissait d'une excellente réputation autant avec les enfants que dans le traitement réservé aux animaux, il y avait une file d'attente. Nous sommes donc allés au Bambou Bar pour attendre notre tour en sirotant une orangeade. Au loin, nous pouvions voir les gens qui, un par un, montaient sur une plateforme, puis s'installaient sur le dos d'un éléphant pour ensuite disparaître dans la jungle en direction d'un sommet qui offrait une vue panoramique de l'île.

L'île comptait une autre célébrité: Charlie, un singe mâle de couleur noire qui appartenait à la race des gibbons, laquelle vit à l'état naturel dans la région. Charlie devait sa renommée à une raison inusitée: sa passion pour la bière. Une passion sans doute mal dirigée, certes, mais une passion néanmoins.

Pendant que nous attendions notre tour, le barman a enfilé les anecdotes à propos du désir de Charlie pour la bière et de ce qu'il était prêt à faire pour s'en procurer. Sa boisson préférée était une marque locale, la Singha. Le barman a raconté qu'au début, Charlie attendait la fermeture du bar pour se faufiler et se servir lui-même de la bière. Après que des cadenas ont été installés pour régler le problème, Charlie s'était rabattu sur les bouteilles vides entreposées à l'extérieur du bar pour boire ce qui restait au fond de chacune d'entre elles. Sauf qu'en plus du liquide, il y avait aussi des mégots de cigarette. Résultat: une visite chez le vétérinaire.

Pendant que nous continuions d'attendre, Charlie est sorti de la jungle en se balançant de branche en branche, comme s'il répondait à un signal. Il s'est confortablement installé sur un perchoir situé à mi-chemin entre le bar et la plateforme.

Mes enfants étaient aux anges. Des éléphants et des singes. Que demander de mieux?

Nous avons remarqué Charlie qui nous observait, nous et les autres touristes. Il était mignon mais semblait complètement désintéressé. Puis son attitude a soudainement changé. Il s'est mis à suivre du regard un touriste des plus classiques: gros, bruyant, plein de coups de soleil… et bière à la main. Et pas n'importe quelle bière… de la Singha! Charlie pouvait sentir le houblon à 100 mètres à la ronde. Le touriste venait tout juste d'acheter sa bière, mais après que le cornac l'a informé qu'il ne pouvait l'apporter avec lui pendant la promenade, il a dû la laisser sur la plateforme. Dès l'instant où l'éléphant s'est mis en route en direction de la colline, Charlie s'est mis en mode action. Tel un superhéros, il est passé en se balançant de son perchoir jusqu'à la plateforme. Il a attrapé la bière, puis il s'est assis pour boire sa délicieuse Singha et en savourer chaque gorgée, prenant son temps pour assouvir sa passion et profiter du soleil de l'île.

De retour de sa promenade, le touriste a trouvé sa bière vide. Quant à Charlie, il avait disparu. Le clou de cette histoire a été de voir l'expression sur le visage du touriste qui, une fois descendu de l'éléphant et de nouveau bière à la main, s'est mis à secouer la bouteille et à l'examiner de plus près, comme s'il se disait: «J'aurais juré avoir laissé une bière pleine ici.»

Charlie avait une passion pour la bière. Cette passion lui a permis de surmonter sa peur pour atteindre son objectif. Elle a stimulé sa créativité, son ingéniosité et sa détermination. Et il est parvenu à ses fins.

****

Qu'est-ce qui vous passionne? Quel est ce projet ou ce rêve qui semble arrêter le temps et vous donner instantanément l'énergie d'un *pack* de six Red Bull?

Si vous pouvez utiliser cette passion pour faire le lien avec la vie dont vous rêvez, vous profiterez de l'un des carburants naturels les plus efficaces pour obtenir plus rapidement ce que vous désirez. La passion vous permettra non seulement d'accéder plus rapidement à une OolaVie, mais elle vous donnera ce qui est requis pour surmonter les défis que vous rencontrerez en chemin. La peur, la culpabilité, la colère, l'autosabotage, la paresse, l'envie et la détermination ne font pas le poids face à la passion. La passion les dépasse tous. Découvrez votre passion et vous ferez beaucoup plus que vaincre les obstacles: vous triompherez.

Chapitre 22

L'humilité

☛ ***Quand vous faites de la planche à roulettes, vous n'êtes jamais aussi important que les rues sur lesquelles vous roulez.***

— Rob Dyrdek

Pour accéder à la vie de vos rêves, vous devez faire preuve d'humilité. Cependant, il ne faut pas confondre humilité et faiblesse. Il s'agit plutôt d'une confiance tranquille. Pensez aux grands dirigeants de ce monde – tous possèdent cette confiance fondée sur l'humilité. Si vous désirez réellement une vie dans Oola, laissez votre ego au vestiaire.

Nous connaissons tous un homme à la fausse arrogance qui ne recule devant rien pour atteindre ses fins et qui répète sans cesse à quel point il est sensationnel. Ou une femme qui a toujours raison et dont l'opinion est la *seule* qui compte.

Réfractaire à toute idée qui ne vient pas d'elle, sa bouche est ouverte, mais ses oreilles sont fermées. Ces gens sont si imbus d'eux-mêmes et si immuables dans leurs façons de faire qu'ils sont incapables d'apprendre des autres. Et de progresser. Ils stagnent et finissent par être dépassés par ceux et celles qui sont prêts à progresser. Oola échappera toujours aux personnes en déficit d'humilité, et souvent, elles connaîtront l'échec.

Le style de vie que nous préconisons, l'OolaVie, vous encourage à prendre des risques calculés, à grandir, à échouer, à apprendre de vos erreurs, à vous relever et à continuer de progresser. Vos échecs vous enseigneront une saine humilité – une humilité qui accélérera votre cheminement vers Oola.

Il y a deux façons de découvrir l'importance de l'humilité: a) par la mise en pratique; 2) par l'apprentissage à la dure... à travers les expériences de vie. Avez-vous déjà entendu l'expression «l'orgueil précède la chute»? Apprenez à faire preuve d'humilité ou celle-ci s'imposera d'elle-même, d'une manière ou d'une autre. À vous de choisir.

OolaChercheur
Le bon usage

On peut résumer l'humilité en une phrase: soit vous l'avez, soit vous finirez tôt ou tard par la découvrir, point à la ligne!

L'authentique humilité est un puissant accélérateur, mais le manque d'humilité peut s'avérer non seulement un OolaBloquant, mais également un OolaTueur. Un manque d'humilité peut se manifester telle une lente hémorragie qui part d'en haut. Cela peut également mener à des choix qui s'avéreront désastreux.

J'essaie de maintenir un équilibre et une progression dans ma vie, mais il existe un équilibre qui nous dépasse. Ces lois univer-

selles nous ramènent invariablement vers un point central. Et si vous n'êtes pas dans un état d'humilité au moment de faire des choix, l'univers fera ces choix pour vous.

Après toutes ces expériences qui m'ont rendu plus humble, certaines vécues en raison de mes choix et d'autres en raison des lois universelles, j'ai appris la leçon suivante: tout ce que j'ai ne m'appartient pas. L'OolaGourou dit souvent de faire bon usage de tout ce que la terre nous offre et je suis tout à fait d'accord.

Si je donne 100 $ en argent de poche à mon fils, et que celui-ci gaspille aussitôt cet argent pour acheter des «trucs» qu'il se vantera de posséder auprès de ses copains, j'hésiterai à lui donner de nouveau de l'argent. Par contre, si je lui donne 100 $ et qu'il fait bon usage de cet argent, comment vais-je réagir lorsqu'il m'en demandera de nouveau? S'il a invité sa sœur au restaurant, mis quelques dollars de côté et fait des achats sensés, que répondrai-je lorsqu'il m'en redemandera?

C'est ainsi que j'interprète les paroles du OolaGourou au sujet du bon usage. Si Dieu constate que je fais bon usage de Son argent et de Ses possessions matérielles, me comblera-t-Il en m'en accordant davantage? Mieux encore, puisque nous arrivons dans ce monde les mains vides, que nous le quittons encore une fois les mains vides et que tout ce qui se situe entre les deux appartient à Dieu, pourquoi nous en faire? Il n'y a aucune raison de nous sentir coupables à propos de l'argent et des biens matériels, ni de nous en méfier. Il suffit de rester humbles et de profiter des fruits de notre labeur.

OolaGourou
Courir avec les Kenyans

Je connais bien l'humilité. Auparavant, il m'arrivait de ressentir un inconfort lorsqu'il me fallait en faire preuve. Maintenant, je l'accueille avec joie. L'humilité est sans l'ombre d'un doute un OolaStimulant, car se sentir petit permet de réaliser de grandes choses.

Mon frère et moi étions arrivés à Nairobi la veille du marathon. Nous avions choisi le Kenya comme destination sportive uniquement pour «courir avec les Kenyans». Comme la plupart des gens font le plein d'hydrates de carbone avant une course en engloutissant un gros plat de pâtes, et que quelqu'un nous avait recommandé le «Carnivore», nous avions décidé de nous y arrêter. Cependant, ce restaurant portait bien son nom, car il n'y avait que de la viande dans notre repas, et de surcroît des viandes des plus exotiques comme de l'autruche, du serpent et plusieurs autres types que mon subconscient m'a fait oublier rapidement.

Le ventre rempli de protéines, nous nous sommes levés tôt le lendemain pour nous rendre à la ligne de départ. Seuls Blancs dans un océan de Kenyans, nous étions faciles à repérer. Il y avait aussi un problème de langue. Nous ne parlions pas un mot de kiswahili. Tout ce que nous savions, c'est que nous étions en quelque sorte des «célébrités». L'un après l'autre, les groupes se sont succédé et ont fait le signe universel (joindre l'index et le pouce devant un œil) pour indiquer qu'ils voulaient une photo en notre compagnie. Nous étions toujours accueillis avec de larges sourires et des rires. Difficile de savoir s'ils riaient de nous ou avec nous, mais nous nous en fichions royalement. Nous profitions du moment, et les Kenyans faisaient preuve de gentillesse et de courtoisie.

Lorsque le pistolet de départ a retenti pour indiquer le début de la course, nous sommes partis à notre rythme. Le parcours traversait la ville pour déboucher sur la campagne. Contrairement aux autres courses auxquelles nous avions participé, le peloton de coureurs était très diversifié. Si mon frère et moi portions des vêtements légers et absorbants conçus pour la course dont les couleurs étaient assorties, plusieurs des participants locaux n'étaient en fait que des enfants qui couraient pour le plaisir. Beaucoup ne portaient même pas de chaussures et leurs vêtements de course consistaient en un short en jeans et un tee-shirt en coton.

Nous éprouvions du plaisir autant avec la course qu'avec le paysage environnant. Comme nous étions arrivés à Nairobi à la tombée du jour, nous découvrions la ville pour la première fois en pleine lumière. Courir dans une nouvelle ville est une façon extraordinaire de la visiter. Vous n'avez d'autre choix que de ralentir pour voir, sentir et entendre. Vous pouvez établir un contact visuel avec les habitants pour constater comment ils vivent et travaillent. Une odeur de plastique brûlé et des sourires radieux me reviennent en mémoire. Cependant, je ne saurais dire si les Kenyans sourient tout le temps ou s'ils sourient uniquement lorsqu'ils aperçoivent deux Américains blancs d'un certain âge qui avancent tant bien que mal, entourés d'une mer d'athlètes kenyans aguerris.

☛ ***Se sentir petit fait grandir.***

À mi-course, nous avons ressenti une vague d'énergie positive. La foule s'est mise à applaudir. De chaque côté du peloton, des gens se levaient de leur chaise pour nous signifier leur soutien. Les applaudissements se sont transformés en acclamations. La poitrine relevée et la tête haute, nous avons repris notre rythme de course. Plus les acclamations étaient bruyantes et plus nous courions vite. Tout le monde s'est mis à sourire et à faire un signe de la main. Nous avons fait de même. Et nous nous sommes mis à courir encore plus vite!

Puis un véhicule nous a dépassés, tous ses clignotants ouverts. C'était la voiture de tête. Nous avons senti un souffle d'air lorsque le meneur de la course nous a dépassés en un éclair. Comparés à lui, nous avions l'air immobiles, même si nous nous efforcions de courir aussi vite que nous le pouvions. Puis nous avons compris: les acclamations lui étaient destinées. Et nous avons compris autre chose: nous venions tout juste de compléter le premier tour d'un marathon de 42,17 km qui comptait deux tours identiques de 21,085 km. Au moment où nous étions sur le point d'effectuer un virage à droite pour entreprendre le second tour, le meneur de la course s'apprêtait à tourner à gauche pour entrer dans le stade et franchir la ligne d'arrivée.

Nous en avons ri pendant le kilomètre qui a suivi. Nous avons accueilli ce moment d'humilité, puis, sans nous arrêter, nous nous sommes attaqués au second tour.

****

Vous n'êtes pas le nombril du monde. Accepter ce fait vous protégera de la souffrance et vous permettra de grandir. Il y a toujours quelqu'un de plus gros, de plus rapide, de plus fort, de plus beau. Visez quelque chose de plus grand que vous, mais comparez votre progression non pas à celle des autres, mais uniquement à celle de la personne que vous étiez avant. Dans votre cheminement vers l'équilibre et la progression, il vous arrivera de connaître des échecs, ce qui vous rendra plus humble. Réagissez avec gratitude, apprenez, progressez et continuez d'aller de l'avant.

Chapitre 23

La sagesse

☛ ***Le fou croit qu'il est sage,***
alors que le sage sait qu'il est fou.

— William Shakespeare

La sagesse n'est pas seulement une affaire de connaissances. D'ailleurs, beaucoup de personnes très intelligentes sont dénuées de sagesse. Ce qui distingue la sagesse de l'intelligence, c'est l'expérience et le bon sens. La sagesse a ceci de particulier qu'elle repose beaucoup sur la logique et peu sur l'émotion.

Nous associons souvent la sagesse avec l'âge. Il est vrai que plus nous avançons en âge et plus nous vivons d'expériences qui représentent autant d'occasions d'apprendre. Or, nul besoin d'être vieux pour être sage. Il est possible de faire preuve de sagesse sans avoir derrière soi un bagage de vie d'expériences. Vous pouvez de venir sage à un jeune âge si vous vous montrez ouvert à apprendre à partir des expériences vécues par d'autres.

OolaChercheur
À contre-courant

Les expériences vécues par d'autres sont un vaste réservoir de connaissances et de sagesse sur le monde et son fonctionnement. Par exemple, en moyenne, un être peut vivre sans oxygène pendant deux à trois minutes au maximum avant de s'évanouir, et pendant cinq à dix minutes avant que la mort soit imminente. Une brûlure occasionnée par un contact avec un récif de corail peut être très douloureuse et provoquer un saignement. Les requins peuvent détecter une goutte de sang à plus de 1,6 km de distance et peuvent même attaquer les êtres humains pour les dévorer. Même s'il est rare, ce phénomène survient néanmoins plus d'une centaine de fois par année. Il y a des requins au large des côtes d'Hawaii. Les vagues océaniques sont très puissantes, surtout lorsqu'elles se combinent à la marée haute et à une tempête. Lorsque l'occasion se présente de nager dans l'océan, les leçons de natation sont très utiles, sauf si ces leçons ont été données par vos sœurs dans l'abreuvoir des vaches.

Avec toutes ces informations en poche, il devrait être très facile de faire des choix avisés pour s'adonner à la plongée en apnée sur la rive nord de l'île d'Oahu. Or, ça ne fonctionne pas toujours ainsi. Surtout en ce qui me concerne!

Nous étions mariés depuis neuf ans et notre couple se tirait bien d'affaire, financièrement parlant. Nous avions décidé de célébrer à l'avance notre dixième anniversaire de mariage avec un voyage à Hawaii et de faire une surprise à la famille de mon épouse en leur offrant de nous accompagner. Nous n'étions jamais allés à Hawaii et c'était également une première pour ses parents, ses sœurs et sa grand-mère. Nous avions projeté de séjourner tous ensemble à Honolulu pendant les trois premières journées, puis de faire une excursion de deux jours à Maui uniquement ma conjointe et moi, avant de rejoindre le reste de sa famille pour les trois dernières journées. Les trois premiers jours se sont très bien passés. Nous avons visité tous les incontournables lieux touristiques: Diamond Head, le mémorial consacré au U.S.S. Arizona, le restaurant Duke's de la plage Waikiki. Puis ma femme et moi avons mis le cap sur Maui pour séjourner dans un excellent hôtel et manger dans des restaurants chics et romantiques.

Pour notre premier repas dans un bon restaurant, le steak que j'avais commandé était étonnamment tendre. Pas même besoin d'un couteau. La viande de détachait toute seule. Je me rappelle avoir dit à mon épouse: «Quand nous retournerons aux États-Unis, je dois trouver un endroit où l'on vend du steak Ahi; ça doit être du bœuf Angus vieilli à point.» Cette phrase contenait deux erreurs. Premièrement, même si un item au menu porte le nom de «steak», cela n'indique pas nécessairement qu'il s'agit de bœuf. Deuxièmement, Hawaii fait partie des États-Unis: je n'avais donc jamais quitté mon pays. Il s'agissait simplement d'une méconnaissance et d'un manque de sagesse. Soyez indulgent: j'ai grandi dans un endroit isolé. Quant à ceux et celles qui viennent tout juste de découvrir le steak Ahi et l'origine de la cinquantième étoile sur le drapeau américain, bienvenue dans le club.

Après deux journées fantastiques passées à Maui, nous avions hâte de retrouver la famille de mon épouse. En rétrospective, même si mes souvenirs de Maui sont un peu flous, je me rappelle néanmoins avoir vanté l'incroyable tendreté du steak que j'avais mangé. De retour à Honolulu, et maintenant que j'étais devenu un voyageur aguerri, j'ai proposé de louer des Jeeps pour nous aventurer à l'intérieur des terres. Mes beaux-parents et mes belles-sœurs étaient d'accord. À bord de Jeep couleur sable, nous nous sommes mis en route.

Un sourire fendu jusqu'aux oreilles, je me suis mis debout sur le siège de la Jeep pour clamer ma célèbre citation: nord, sud, est ou ouest. On m'a aussitôt répondu que puisque nous allions faire un cercle, mes seules deux options étaient à droite ou à gauche. J'ai opté pour la droite.

Après avoir roulé pendant plusieurs heures, nous sommes arrivés sur le bord d'une petite crique semblable aux plages privées, comme on en voit dans les films. C'était un décor idyllique et j'ai su tout de suite que c'était l'endroit où nous allions passer la journée. Nous étions sur la rive nord de l'île et cette journée-là, en raison d'une tempête au large, les vagues étaient gigantesques. Nous nous sommes garés, nous avons pris glacières et couvertures, puis nous nous sommes dirigés vers la plage. Du bord de l'eau, nous pouvions sentir toute la puissance de l'océan. Avec le soleil qui effleurait de manière parfaite notre peau, nous étions hypnotisés par la beauté que dégageaient ces vagues puissantes.

C'était une plage parfaite. La journée s'annonçait également parfaite jusqu'au moment où j'ai décidé que le moment était venu de bouger un peu. Au bout d'une trentaine de minutes, je ne tenais plus en place et je suis parvenu à convaincre mon beau-père de se joindre à moi pour piquer une tête et explorer un peu notre coin d'océan. Nous nous sommes donc rendus à une boutique pour louer du matériel de plongée en apnée. Son propriétaire, un type sympa, nous a raconté que vingt années auparavant, il était venu pour la première fois à Hawaii pour un séjour de dix jours et il n'était jamais reparti. Tombé amoureux de l'île et de ses habitants, il avait décidé de s'y établir de manière permanente. Après nous avoir raconté quelques anecdotes, il nous a remis l'équipement de plongée, puis il nous a prévenus du danger de nous aventurer dans l'eau par une journée pareille « Les vagues sont énormes et dans tous les cas, n'allez pas du côté droit de la plage. Le ressac sur les coraux vous déportera vers la droite et vous aspirera vers le large. »

Dès leur naissance, il y a des gens qui savent d'instinct que toucher le rond rouge brûlant d'une cuisinière cause une brûlure, et que coller sa langue sur du métal froid en hiver est douloureux. Puis il y en a d'autres qui ont besoin de se brûler le bout des doigts sur un rond brûlant et de laisser des échantillons d'ADN de leur langue sur le métal gelé pour le découvrir. Et il y a moi. J'ignore pourquoi, mais c'est à travers chaque expérience que je vis que je grandis en sagesse et, habituellement, je dois la vivre plus d'une fois. Mon premier réflexe a donc été de douter du sage conseil du propriétaire de la boutique. « Impossible qu'un courant arrive à m'entraîner au large, n'est-ce pas ? » me suis-je dit. Je m'étais déjà baigné dans l'océan à Galveston au Texas en compagnie de deux copains, et ce n'avait pas été la mer à boire. Par ailleurs, j'avais reçu des cours de natation de la part de mes sœurs à la ferme. J'avais appris à me débrouiller dans l'eau et si ma sœur aînée n'avait pas quitté la maison après avoir terminé ses études, j'aurais sûrement continué à progresser.

☛ ***Vous pouvez atteindre la sagesse de deux façons : soit à partir de vos propres expériences, soit à partir des expériences des autres. Nous vous recommandons les deux.***

Quoi qu'il en soit, au bout d'une trentaine de minutes dans l'eau, j'en suis arrivé à la conclusion qu'il n'y avait qu'un seul moyen de vérifier si le type de la boutique disait la vérité. J'ai décidé d'aller voir si le puissant océan Pacifique était à la hauteur des périls annoncés. Mon beau-père, lui, a préféré m'attendre.

Ma prise sur le mur de corail a tenu pendant une trentaine de secondes avant que le courant ne me force à décrocher pour m'entraîner quelques centaines de mètres plus loin vers le large. Lorsque cette course folle a finalement ralenti, j'étais épuisé, sans compter que je m'étais coupé et que je saignais. Balloté par d'énormes vagues, j'ai essayé de voir si je pouvais toucher le fond, mais il n'y avait que du bleu. L'eau était limpide et il n'y avait aucun fond en vue. J'ai évalué ma situation et je savais que j'étais dans le pétrin. Chaque fois que je me retrouvais au sommet d'une vague, je faisais des signes de la main pour demander de l'aide. Mon beau-père, qui avait maintenait la taille d'une fourmi, me rendait mes signes. Puis je me retrouvais dans le creux de la vague et j'avais l'impression d'être entouré par un mur d'eau. Je remontais en agitant mes bras dans tous les sens et je redescendais en criant mon désespoir. J'étais persuadé que c'était la fin.

Après avoir pataugé pendant environ une heure et perdu du sang dans une mer infestée de requins, j'ai aperçu une falaise dont je semblais me rapprocher de plus en plus. Finalement, après avoir chevauché une autre grosse vague, j'ai été en mesure de m'accrocher aux rochers. Puis une vague m'a écrasé contre la paroi. J'ai essayé de tenir bon, mais une autre vague m'a ramené vers l'arrière. La vague suivante m'a ramené vers la paroi, et l'autre après m'a ramené en arrière. Avant, arrière. Avant, arrière. Encore et encore. C'était comme si l'océan essayait de me dire: «Est-ce que tu crois le type de la boutique maintenant? Comment te sens-tu présentement?» Finalement, j'ai trouvé un grand trou où j'ai pu m'agripper suffisamment solidement à la paroi… et à la vie, littéralement!

Après avoir réussi à gravir la falaise, j'ai marché péniblement vers l'endroit où la famille tout entière s'était installée sur la plage. À ma grande surprise, ils profitaient de cette merveilleuse journée ensoleillée, une bière fraîche à la main. Et à leur grande surprise, j'étais ensanglanté et épuisé. Je n'avais pas l'air de m'amuser du tout, mais au moins, j'étais vivant.

J'ai appris beaucoup de leçons à la dure. Certes, je ne le recommande à personne, mais je suis fait ainsi. Cependant, alors que j'avance en âge et que je deviens plus sage, j'ai commencé à apprendre non seulement de mes erreurs passées, mais aussi des personnes qui sont nées avant moi et qui m'entourent. Si vous êtes du genre «essayer avant d'acheter», acceptez-vous dans votre singularité et aimez-vous tel que vous êtes. Pour ma part, je vous garantis que j'ai déjà amplement appris pour le partager avec vous tous. Et puisqu'il m'arrive encore à l'occasion de nager dans une mer infestée de requins avec des genoux et des mains ensanglantés, sentez-vous libre d'apprendre autant de mes erreurs que des personnes sages que vous côtoyez dans votre vie. Vous vous éviterez ainsi bien des ennuis.

OolaGourou
Attention aux yaks

J'ai un faible pour les mentors. J'ai toujours recherché la compagnie de personnes plus âgées et plus sages que moi afin d'apprendre de leurs expériences. Je cherchais à côtoyer des personnes possédant les traits de caractère que je souhaitais manifester moi-même dans le chapitre suivant de ma vie, et je voulais apprendre de leur exemple. Mes motivations étaient claires: je n'étais simplement qu'un jeune homme à l'esprit ouvert qui voulait apprendre.

Par exemple, lorsque j'ai eu affaire pour la première fois à un comptable, je l'ai considéré comme un expert en finance et je lui ai demandé sans détour: «En tant que jeune homme qui débute dans la vie, quelles sont les deux leçons que je devrais apprendre?» Il a souri et a aussitôt répondu: «Économise quinze pour cent de chaque dollar gagné et ne divorce jamais.» Pour sa part, en plus d'avoir convolé en justes noces à deux reprises, il n'avait rien mis de côté pour la retraite et il ne lui restait que dix années pour se reprendre. Dès le jour où j'ai entendu ce conseil, je l'ai mis en pratique. J'ai économisé plus de quinze pour cent de chaque dollar que j'ai gagné et, de façon constante, j'ai tout fait pour que mon union demeure en santé. Deux bons conseils. Deux leçons qui m'ont permis de devenir plus sage sans que j'aie à vivre un divorce et que je sois mal préparé pour ma retraite.

J'ai constamment recours à la sagesse des autres. C'est une attitude très utile pour quelqu'un qui aime voyager dans des pays étrangers. En effet, les habitants d'un patelin possèdent une connaissance de leur coin de pays acquise au fil des générations qu'aucun guide de voyage, peu importe son nombre de pages, ne peut égaler. Ma philosophie est simple: «À Rome, vis comme les Romains.» Par exemple, si je veux découvrir une place extraordinaire pour manger, je ne me fie pas aux réclames publicitaires; je regarde dans les vitrines pour trouver les restaurants qui sont bondés par la population du coin.

Le Népal en est l'illustration parfaite. Je faisais du trekking en compagnie de mon frère et notre objectif était de mettre à profit notre court séjour pour nous rapprocher le plus possible du camp de base de l'Everest. Puisque je ne supporte pas bien l'altitude, je savais que ce serait un défi compte tenu du peu de jours dont nous disposions pour nous acclimater.

Nous avions retenu les services d'un guide sherpa et d'une petite équipe pour aider les novices que nous étions vers le haut de la montagne. Le paysage était magnifique avec des points de vue à couper le souffle comme j'en avais rarement vu. Mais plus encore que cette beauté naturelle, ce sont les expériences culturelles qui m'ont le plus marqué.

Puisque notre séjour était de courte durée, nous avions pris un vol de Katmandou jusqu'à Lukla, le point le plus élevé que nous pouvions atteindre en avion. Cela nous permettait de régler d'un coup 3 000 mètres. Toutefois, je ne saurais dire quelle option aurait été préférable à l'autre: monter à pied ces 3 000 premiers mètres ou se poser sur la piste d'atterrissage. Si vous en avez l'occasion, allez voir l'image sur Google. On a l'impression d'aborder la piste à un angle de 45 °, même si l'inclinaison réelle est bien moindre. Tout ce que je sais, c'est que cette piste d'atterrissage est pentue, courte et flanquée par des montagnes, des caractéristiques qui ne sont habituellement pas celles recherchées pour ce genre d'infrastructure.

Comme j'avais entendu des rumeurs à propos de cette piste d'atterrissage, je m'étais préparé mentalement. Toutefois, lorsque l'avion a commencé sa manœuvre d'approche, j'ai pu l'apercevoir au loin. Le pilote a même annoncé à l'interphone que nous approcherions la piste avec un angle prononcé (comme si nous dirigions directement vers le flanc de la montagne), puis qu'il redresserait l'appareil juste avant de se poser pour un atterrissage tout en douceur. J'ai utilisé ma philosophie «comme les Romains» et j'ai repéré quelques Népalais détendus qui lisaient. Il n'y avait qu'à faire comme eux. L'atterrissage a été parfait.

Nous étions en 2004, au beau milieu du soulèvement maoïste. Même si nous avions eu vent de la rébellion maoïste, nous avions décidé de faire quand même le voyage. Comme nous ne passions qu'une seule journée à Katmandou, là où il y avait eu des attentats à la bombe, nous estimions que nous serions en sécurité dans les montagnes. Cependant, après avoir atterri, la première chose que j'ai remarquée a été la tour de contrôle: elle était vide et criblée d'impacts de balles. Cette vision a fait naître un doute dans mon esprit quant à notre décision.

Nous avons été accueillis par notre guide sherpa, Ringi. Âgé d'à peine vingt-quatre ans, il avait déjà atteint le sommet de l'Everest à deux reprises. Ringi était natif de la région et un spécialiste de l'Everest. Même s'il était beaucoup plus jeune que moi, Ringi faisait déjà preuve d'une grande sagesse. Et je me fie aux gens plus sages que je le suis, même s'ils ne sont âgés que de vingt-quatre ans.

Dès la deuxième journée du trek, cette sagesse s'est avérée précieuse. Au loin, nous avions aperçu deux jeunes garçons, âgés d'environ douze ans, qui marchaient en notre direction vêtus de tee-shirts blancs. Lorsqu'ils se sont rapprochés de nous, j'ai remarqué qu'ils portaient en bandoulière des fusils semi-automatiques. Je savais qu'une guerre faisait rage dans la région. J'avais vu les impacts laissés par les balles sur la tour de contrôle de l'aéroport et là, deux jeunes adolescents armés de gros fusils s'approchaient de nous. Nous ne savions pas comment réagir. J'ai regardé Ringi. Il était complètement calme et a dit: «Pas de problème. Il suffit d'éviter de croiser leurs regards.» C'est ce que nous avons fait. Il ne semblait pas s'en faire; nous avons fait de même.

Le troisième jour, nous nous sommes dirigés vers Namche Bazaar, un hameau situé à près de 4 000 mètres d'altitude qui a été la chose qui se rapprochait le plus de la civilisation de toute notre expédition. La rumeur courait même qu'il était possible d'y louer une chambre pour la nuit. La veille, en raison du froid, de l'altitude et de l'excitation, nous avions à peine réussi à fermer l'œil. La nuit avait été longue. Je me souviens que mon frère a dit que si un jour, on lui diagnostiquait une maladie inconnue de tous et qu'il ne lui restait qu'un mois à vivre, il demanderait qu'on lui installe une tente dans l'Himalaya, là où chaque nuit semble durer une année entière.

Pendant que nous approchions du village, nous avons vu des annonces peintes à la main qui annonçaient lits et douches avec eau chaude. C'était justement ce que nous recherchions. Nous avons demandé à Ringi s'il était d'accord; cela lui importait peu, sans compter qu'il aurait une nuit de moins à nous superviser en train de monter tant bien que mal notre campement. Nous avons loué une chambre et c'était le strict minimum. Deux lits et rien d'autre. On nous a aussi informés qu'en raison du soulèvement, un couvre-feu avait été décrété au coucher du soleil. Impossible donc de quitter notre chambre après la tombée de la nuit. Comme l'envie d'uriner se fait plus constante lorsqu'on se trouve en haute altitude, nous avons demandé où se trouvaient les toilettes si nous devions y aller pendant la nuit. Notre logeuse a pointé du doigt vers la fenêtre. Son geste ne voulait pas nous indiquer que les toilettes étaient à l'extérieur. Elle voulait nous signifier que si nous avions besoin d'uriner, il nous faudrait le faire par la fenêtre puisqu'il était interdit de sortir dehors. C'était son village, et comme elle en savait beaucoup plus long que nous à son sujet, nous nous sommes conformés à ses directives.

La chambre était décevante, mais au moins, il y avait un lit. Maintenant au tour de la douche à l'eau chaude. Après trois journées de marche, nous pouvions sentir notre propre odeur. Je ne pouvais plus attendre. Comme il faisait encore jour, j'ai suivi les panneaux. Après avoir versé mes deux dollars, on m'a indiqué une pièce. La femme qui était là m'a dit de me déshabiller et d'entrer dans la douche. J'ai obtempéré et je me suis ensuite dirigé, nu comme un ver, vers quelque chose qui ressemblait davantage à une cour intérieure qu'à une douche. C'était grand, 4,5 m par 4,5 m, mais sans aucune douche en vue. J'ai jeté un coup d'œil autour sur les murs de pierres posées à la main; pas de robinet, pas de boyau d'arrosage, pas d'eau. Puis, dans un français très approximatif, j'ai entendu «Vous pouès?» J'ai levé les yeux et là, sur le toit, penchée au-dessus d'un gros seau rempli d'eau, se trouvait la même femme qui m'avait accueilli à l'entrée. J'ai pris la pose «jambes croisées» typique de celui surpris en pleine nudité afin de couvrir mes parties intimes, puis d'un air penaud, j'ai acquiescé de la tête.

Le matin, nous nous sommes réveillés reposés grâce aux vertus du sommeil dans un lit, puis nous avons repris la route pour poursuivre notre trek vers le camp de base. Pour sortir du village, nous devions emprunter des rues étroites bordées de pierres de chaque côté. Bien évidemment, aucune circulation automobile n'est possible à flanc de montagne; biens et marchandises sont transportés à dos de yaks. Pour ceux et celles qui l'ignorent, un yak est un gros animal doté de grandes cornes. C'est tout ce que je peux en dire. Lors des jours précédents, nous avions souvent croisé des yaks qui transportaient du ravitaillement. Le seul conseil que nous avait donné notre guide sherpa Ringi était de toujours prendre le côté intérieur du sentier lorsque nous dépassions un yak. Ces animaux se déplacent lentement et de manière prévisible, mais de temps à autre, ils tournent la tête et leurs cornes bien effilées peuvent facilement pousser un touriste vers le vide. Nous ne savions pas s'il était sérieux ou s'il plaisantait, mais nous prenions le côté intérieur du sentier chaque fois que nous croisions un yak, au cas où.

Nous étions presque sortis du village, dans la dernière portion d'un sentier bordé de murs de pierres, lorsque nous avons entendu un brouhaha devant nous. Un marché était installé dans une place publique et les marchands chassaient quelques yaks qui s'y étaient installés. Il devait y en avoir six ou huit. Les yaks s'étaient engouffrés au pas de course dans le sentier étroit bordé de pierres de chaque côté et se dirigeaient droit sur nous. J'ai senti dans le regard habituellement calme de Ringi qu'il n'y avait pas de quoi rigoler. Il avait l'air très effrayé et il s'est immédiatement mis à l'abri dans l'embrasure d'une porte. J'ai fait de même. Mon frère était devant nous. Comme il n'y avait aucune porte autour de lui, et dans un geste surhumain qui aurait rendu Spiderman fier, il a bondi dans les airs pour s'agripper au mur de pierres, comme si ses mains et ses pieds avaient été munis de ventouses, pour ainsi échapper de peu aux cornes des yaks en cavale.

Vous pouvez atteindre la sagesse de deux façons: soit à partir de vos propres expériences, soit à partir des expériences des autres. Nous vous recommandons les deux. Tirez des leçons des expériences que vous vivez, qu'elles soient bonnes ou mauvaises, sans oublier de toujours faire preuve d'ouverture envers la sagesse des autres. Trouvez des mentors dans les aspects où vous souhaitez progresser. Soyez à l'affût de vos F d'Oola. Dans quelle facette souhaiteriez-vous avancer? N'ayez pas peur de chercher un mentor dans celle-ci et de profiter de sa sagesse. Ce que cette personne peut vous apprendre vous permettra peut-être, un jour, d'échapper à un yak qui galope en votre direction, ou à un contre-courant fort qui vous entraîne au large.

SECTION CINQ

Les trois étapes vers l'OolaVie

☛ ***Travailler sur soi n'est pas un signe égoïste, c'est faire preuve d'abnégation. Un meilleur « vous » est en mesure de mieux répondre aux besoins des autres.***

— OolaGourou

Nous espérons qu'à cette étape, vous avez maintenant une bien meilleure compréhension de ce qu'est Oola et que vous pressentez qu'une vie équilibrée et en progression dans les 7 F d'Oola vaut la peine d'y consacrer du temps et des efforts. De plus, vous êtes maintenant conscient de certains des principaux obstacles susceptibles de vous empêcher de profiter de la vie que vous désirez et que vous méritez. Vous avez aussi découvert certains des traits de personnalité qui peuvent vous mener plus rapidement vers une vie dans Oola.

Le temps est venu de passer aux choses sérieuses. Si vous aspirez à une vie meilleure, cette section vous montrera comment y parvenir. Ici, nous soulignerons les trois étapes simples vers l'OolaVie. Nous vous demanderons d'abord d'être honnête face à vous-même et d'utiliser l'OolaRoue pour brosser un tableau sommaire de votre situation actuelle. Nous vous proposerons ensuite d'utiliser l'OolaPlan pour vous fixer des objectifs dans les sept facettes clés de votre vie. Finalement, grâce à l'OolaVoie, vous établirez un plan d'action, étape par étape, ainsi qu'un mécanisme de responsabilisation qui vous mènera vers votre OolaVie.

Les quatre premières sections avaient pour but de vous informer, de vous divertir et de vous inspirer. Cette section est un appel à passer à l'action. Des actions simples, mais néanmoins des actions. Le temps est venu d'avancer, de franchir des étapes et d'atteindre vos rêves.

Chapitre 24

Étape 1: l'OolaRoue
À vous de la tourner!

☛ ***Créer la vie que vous souhaitez vivre commence par jeter un regard honnête sur la situation dans laquelle vous vous trouvez présentement.***

— OOLACHERCHEUR

L'authenticité est une condition primordiale pour progresser. Vous devez faire preuve d'objectivité pour voir les choses comme elles sont réellement à ce moment précis. Si vous utilisez ce jalon comme point de départ, que vous affichez la détermination requise pour passer à l'action, vous pouvez commencer votre cheminement vers une vie meilleure… une Oolavie.

Supposons que votre vie soit semblable à une roue de bicyclette dont les différentes parties représentent les éléments clés à l'intérieur de votre vie. Même si ces parties sont indépendantes les unes des autres, elles sont également interdépendantes les unes avec les autres. Une roue bien équilibrée roule librement et en douceur, ce qui procure à l'ensemble de la roue une tension et un stress minimaux. Elle donne l'impression de pouvoir rouler sans fin avec une usure normale et graduelle. Si des parties sont manquantes, abîmées ou usées, la roue peut continuer à rouler, même si cela lui impose un stress additionnel, augmente les risques d'une chute et affecte certainement la vie utile du pneu.

LE MOYEU

Le moyeu d'une roue est l'élément clé. C'est la base, le fondement, le noyau d'où émane tout le reste. Sans un moyeu solide et stable, la roue ne pourra pas rouler, même si elle est munie de rayons parfaitement équilibrés. Quel est votre moyeu? À vous de réfléchir à cette question. Sur quel fondement votre vie est-elle construite? Quel est votre point d'ancrage?

LES RAYONS

Les rayons représentent les sept facettes clés de votre vie. Prenez le temps de vous livrer à une introspection en profondeur pour amorcer une réflexion sur votre vie et déterminer où vous vous situez présentement par rapport aux 7 F d'Oola (forme physique, finances, famille, travail, valeurs, relations et plaisir). Ne faites pas preuve de complaisance. Évaluez ces sept rayons l'un après l'autre: 0 signifie une absence totale et 10 signifie la perfection. Par exemple, Warren Buffet pourrait s'accorder un 10 pour son OolaFinances, tandis qu'un étudiant de vingt-huit ans qui vit encore dans le sous-sol de ses parents et qui vend son plasma une fois par mois devrait s'accorder un 3 dans cette même catégorie (ce qui est peut-être trop généreux). Vous trouverez à la fin de ce chapitre un exercice qui vous guidera à travers ce processus.

LA VALVE

Lorsque vous préparez votre OolaRoue, votre valve est ce qui vous motive, vous inspire naturellement. Lorsqu'un pneu est mal gonflé ou à plat, vous utilisez la valve pour y insuffler de l'air. C'est aussi par une valve que vous pouvez insuffler dans votre vie vos valeurs les plus importantes. Qu'est-ce qui vous inspire? Quel F d'Oola vous motive naturellement? Famille, finances, forme physique? Puiser dans votre inclination naturelle vous permet d'insuffler cette énergie susceptible d'améliorer les aspects où vous êtes plus faible. Inutile de trop compliquer les choses.

OolaChercheur

La valve

Il y a quelques années, deux de mes amis m'ont proposé de participer à une promenade en vélo de montagne. J'ai immédiatement accepté. Le jour venu, je me suis levé tôt, excité par la perspective de cette aventure. Une fois arrivé au domicile de mon copain, j'ai sorti mon vieux vélo de montagne du coffre de la Taurus. J'ai installé la roue avant, vérifié la chaîne, gonflé les pneus et ajusté la selle.

En route vers la montagne, j'ai découvert que mes deux compagnons avaient fait du vélo au niveau professionnel pendant leur jeunesse. Je les ai prévenus que j'étais encore un novice. Ils ont eu la gentillesse de me donner quelques tuyaux, puis ils m'ont assuré qu'ils iraient doucement sur la montagne. J'étais déterminé à les suivre, coûte que coûte.

À mi-chemin pendant la promenade, j'ai senti qu'il m'était plus difficile de pédaler. J'ai jeté un coup d'œil sur mon pneu avant et il était à moitié dégonflé. De quinze minutes en quinze minutes, tirer et pousser sur les pédales était de plus en plus ardu et épuisant. Pendant la majeure partie de la descente, j'ai roulé sur un pneu complètement à plat. Ce jour-là sur la montagne, j'en ai beaucoup appris sur le cyclisme et sur la vie.

Si vous êtes un OolaChercheur comme moi, le chemin qu'il vous reste à parcourir sera probablement difficile mais gratifiant. Plus votre vie est déséquilibrée et à la dérive, et plus ce chemin sera compliqué. Peu importe les défis qui vous attendent, assurez-vous que vos pneus soient bien gonflés.

Pendant que je m'efforçais de sortir de l'ornière où je m'étais embourbé, savoir que je possédais une valve et que je pouvais l'utiliser pour regonfler les F d'Oola qui étaient à plat s'est avéré très précieux. Cette valve est importante, car elle représente vos valeurs et vos croyances les plus fortes. Ce sont toutes ces choses qui vous viennent naturellement, sans motivation additionnelle. Vous vous réveillez le matin et ces choses sont déjà là, sans que vous ayez à faire d'effort. Si votre valve la plus efficace est la famille, il est inutile de vous rappeler de préparer les repas, d'acheter des vêtements pour les enfants et de prendre soin d'eux. Cela est inscrit dans votre ADN. Si c'est plutôt les finances, il est inutile de vous inquiéter quant à votre capacité à gagner un revenu ou à respecter un budget. Vous y arrivez sans effort.

Cependant, que faire si votre OolaRoue indique que votre OolaForme laisse à désirer ? Que vous ne parvenez pas à trouver la motivation nécessaire pour faire les bons choix alimentaires ou pour lacer vos chaussures de marche ? C'est là que la valve prouve toute son utilité. Si cet exemple s'applique à votre cas, posez-vous les questions suivantes: « Vais-je être un meilleur parent si je suis en forme, si j'ai plus d'énergie et que je me sens moins stressé ? Vais-je offrir un meilleur exemple à ma famille si je m'entraîne et si je mange mieux ? Vais-je être un fardeau pour ma famille si je suis atteint d'une maladie chronique et que je meurs en raison d'une mauvaise condition physique ? »

Voyez-vous comment il est possible d'utiliser votre valve pour insuffler de l'air dans les F de votre vie les plus faibles ? Si vous avez de la difficulté à identifier votre valve, regardez autour de vous. De quoi est constitué votre environnement immédiat? Qu'aimez-vous faire et quelles sont les envies qui vous viennent naturellement? Vous avez besoin d'un truc pour y arriver? Jetez un coup d'œil dans votre téléphone cellulaire.

Laissez-moi vous expliquer.

J'ai 1 767 photos et vidéos dans mon iPhone. De ce nombre, il y a 1 253 photos de mes enfants, 211 photos de maisons que j'aimerais posséder et de terrains où j'aimerais en construire une, 139 photos d'objectifs que j'ai atteints sur le plan professionnel ou d'expériences reliées à ce domaine, 67 images et vidéos en lien avec des expériences amusantes comme sauter en parachute, skier et voyager. Les 97 photos restantes montrent diverses choses comme la voiture sport de l'OolaGourou et la voiture de mes rêves (une Lexus LFA); il y a aussi 11 photos du tatouage que j'ai dans mon dos et qui représente un arbre généalogique et deux photos incroyablement embarrassantes dont j'ignore l'origine et que j'ai immédiatement effacées. Cette brève description peut vous amener à conclure que ma valve principale est la famille, suivie par la création d'une meilleure vie pour ma famille grâce à mon entreprise.

Déterminez quelle est votre valve et utilisez-la. Puisez dans ce qui vous inspire naturellement. Utilisez la puissance de votre valve pour vous motiver à insuffler de l'air dans les aspects de votre vie qui sont faibles et ainsi paver la voie à une vie équilibrée et en progression… une OolaVie.

OolaGourou
Un moyeu en évolution

J'estime que si vous considérez que votre moyeu est en lien avec vous-même, votre occupation ou votre compte bancaire, vous faites fausse route. Cela étant dit, sans vouloir minimiser l'importance de ces trois éléments qui font partie intégrante d'une une vie équilibrée, ils feraient de meilleures valves plutôt qu'un moyeu. Ces éléments doivent servir d'outils de motivation et non de fondement à votre vie.

En toute honnêteté, pendant ma vingtaine, j'ai essayé d'utiliser le « soi » comme moyeu. Dans ma trentaine, même si ma roue roulait très bien, j'ai pensé qu'une mise à jour serait appropriée et j'ai utilisé « occupation/argent » en guise de moyeu. Encore une fois, ma roue roulait toujours bien, sans le faire de manière optimale. Maintenant, dans ma quarantaine, j'ai effectué une nouvelle mise à jour pour utiliser « Dieu » comme moyeu. C'est de loin le fondement le plus solide que j'ai eu à ce jour et je n'ai pas l'intention de changer.

Jusqu'à présent dans ce livre, vous avez pu constater que j'ai eu la chance de vivre beaucoup de belles expériences. J'ai voyagé à travers le monde et j'ai rencontré beaucoup de gens intéressants. J'ai côtoyé les 0,001 pour cent des personnes les plus riches de ce monde et j'ai beaucoup appris des plus pauvres qui vivent sur cette planète. J'ai atteint le sommet des montagnes, j'ai compétitionné avec des athlètes Ironman de haut calibre et j'ai rencontré des personnalités parmi les plus inspirantes qui soient. J'ai mangé des repas préparés sur une grille installée sur l'arrière d'une bicyclette, et j'ai dîné avec un cheeseburger à 100 $ pièce dans un hôtel sept étoiles. Toutes ces expériences et ces rencontres ont toujours eu le même objectif : apprendre.

Comme j'entretiens la ferme conviction que les actes nous en apprennent davantage que les paroles, j'ai appris en très grande partie ce que je sais par l'observation du comportement des gens et non par leurs paroles. Les individus les plus en paix, les plus joyeux, les plus épanouis et les plus Oola sont enracinés dans la foi. Dieu est leur moyeu.

Une croyance inébranlable en Dieu offre à chacun de mes rayons une base solide. Ma foi bien ancrée me fournit également un système de valeurs ainsi qu'une boussole morale pour guider ma roue en mouvement. La santé peut être chancelante, l'économie peut connaître des ratés, les êtres humains peuvent échouer, les rayons peuvent se briser, mais Dieu reste infaillible.

Je crois que Dieu a un plan pour moi et qu'Il peut voir des choses qui m'échappent. Cette croyance me procure une satisfaction et me sert de pierre d'assise sur laquelle m'appuyer face aux inévitables tempêtes de la vie. Êtes-vous perturbé? Connaissez-vous du succès dans tous les F d'Oola et néanmoins sentez que quelque chose vous manque? Vérifiez votre moyeu. C'est peut-être le temps d'une mise à jour.

PASSEZ EN REVUE VOS 7 F D'OOLA

Pour brosser un portrait de votre vie actuelle, répondez à la série de questionnaires proposés dans les pages suivantes – un pour chacune des 7 Facettes clés de votre vie. Ils sont conçus pour vous aider à vous « accorder une note » quant à votre situation actuelle. Êtes-vous un « premier de classe » dans certains aspects ou un « cancre » dans d'autres?

Vous trouverez également une OolaRoue interactive et une feuille de travail imprimable qui contient une OolaRoue dans *www.oolalife.com/Step1*.

Maintenant au travail!

Accordez-vous une note sur une **échelle de 1 à 10:** 1 représente la note la plus basse/mauvaise/moins conforme à la réalité, et 10 représente la note la plus élevée/bonne/conforme à la réalité. Écrivez la note dans l'espace prévu pour chacune des dix questions. Puis, au bas de la page, **additionnez** ces notes pour les dix questions et **divisez** la somme par 10. Reportez le résultat sur le rayon FORME de votre OolaRoue à la page 227.

OOLAFORME

1) Mon évaluation de mon état de santé actuel. ____________
2) Suis-je près de mon poids idéal? ____________________
3) Mon évaluation de mon état de santé mentale est. ________
4) Je fais au moins 3 séances d'exercices cardio/résistance par semaine. ________________________________
5) Quel est mon niveau d'effort pendant les exercices? ______
6) Je suis actif en dehors des périodes d'exercice. __________
7) Je pratique la relaxation quotidiennement. ______________
8) J'aime ma vie et je ressens peu de stress. ______________
9) Mes repas sont nutritifs et le nombre de calories ingérées est adéquat. ____________________
10) Mon régime est équilibré et j'évite les mets usinés et le *fast food*. ____________________________

NOTE TOTALE: ________
/ 10 = ____________

Encerclez ce dernier chiffre à la page 227.

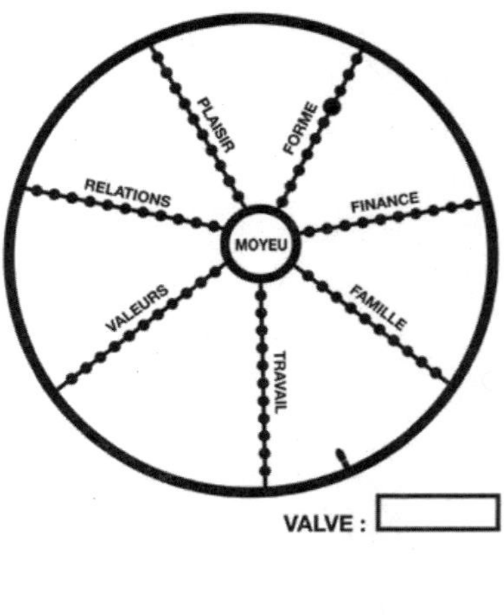

Accordez-vous une note sur une **échelle de 1 à 10**: 1 représente la note la plus basse/mauvaise/moins conforme à la réalité, et 10 représente la note la plus élevée/bonne/conforme à la réalité. Écrivez la note dans l'espace prévu pour chacune des dix questions. Puis, au bas de la page, **additionnez** ces notes pour les dix questions et **divisez** la somme par 10. Reportez le résultat sur le rayon FINANCES de votre OolaRoue à la page 227.

OOLAFINANCES

1) Mon évaluation de l'état actuel de mes finances. ________
2) J'économise au minimum dix pour cent de chaque dollar que je gagne pour financer des achats non liés à la retraite (véhicule, voyage, mise de fonds, *etc.*). ________
3) Je suis libre de toute dette (à l'exception de mon hypothèque). ________
4) Mon revenu mensuel excède mes dépenses mensuelles. ___
5) J'investis au moins quinze pour cent dans un fonds de retraite. ________
6) J'ai un compte bancaire pour les urgences qui équivaut à un minimum de sept mois de dépenses. ________
7) Je suis bien pourvu en assurances (santé, vie, propriété, *etc.*). ________
8) Je fais preuve de générosité avec mon argent sans rien attendre en retour. ________
9) J'ai un testament complet et à jour. ________
10) J'ai un budget rigoureux que je respecte chaque mois. _____

NOTE TOTALE : ________
/ 10 = ________

Encerclez ce dernier chiffre à la page 227.

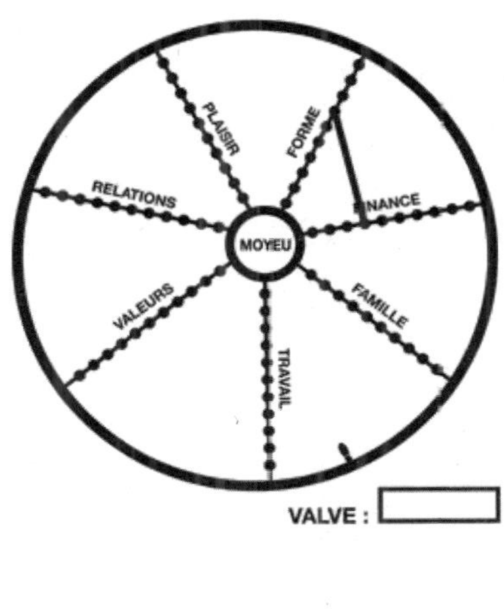

Accordez-vous une note sur une **échelle de 1 à 10:** 1 représente la note la plus basse/mauvaise/moins conforme à la réalité, et 10 représente la note la plus élevée/bonne/conforme à la réalité. Écrivez la note dans l'espace prévu pour chacune des dix questions. Puis, au bas de la page, **additionnez** ces notes pour les dix questions et **divisez** la somme par 10. Reportez le résultat sur le rayon FAMILLE de votre OolaRoue à la page 227.

OOLAFAMILLE

1) Mon évaluation de ma situation familiale actuelle. ________
2) Nous prenons au moins un repas par jour en famille. _____
3) Ma famille immédiate et ma famille étendue sont fonctionnelles. ____
4) Penser à ma famille me rend heureux. _________________
5) Je fais preuve d'honnêteté envers les autres membres de ma famille. ____
6) Je fais des efforts pour être un meilleur membre de ma famille. ____
7) Je me réserve du temps pour ma famille – sans téléphones. ____________________________________
8) Ma famille est aimante, patiente, solidaire et respectueuse. ____
9) Je n'entretiens aucune animosité envers un membre de ma famille. ____
10) J'ai l'impression que je consacre suffisamment de temps à ma famille pour répondre à ses besoins.________________

NOTE TOTALE : ________
/ 10 = ________________

Encerclez ce dernier chiffre à la page 227.

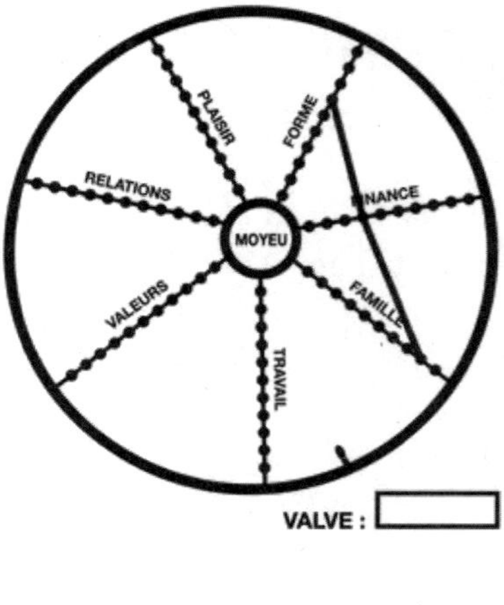

Accordez-vous une note sur une **échelle de 1 à 10:** 1 représente la note la plus basse/mauvaise/moins conforme à la réalité, et 10 représente la note la plus élevée/bonne/conforme à la réalité. Écrivez la note dans l'espace prévu pour chacune des dix questions. Puis, au bas de la page, **additionnez** ces notes pour les dix questions et **divisez** la somme par 10. Reportez le résultat sur le rayon TRAVAIL de votre OolaRoue à la page 227.

OOLATRAVAIL

1) Mon évaluation de ma situation professionnelle globale actuelle. ______
2) Mon emploi comble mes besoins financiers. ______
3) J'aime mon travail. ______
4) J'ai l'impression que je fais ce pour quoi j'ai été créé. ______
5) J'ai des objectifs solides dans mon champ d'activité professionnel. ______
6) Mon emploi actuel n'empiète pas sur le temps pour ma famille et mes besoins personnels. ______
7) Mon emploi actuel concourt à l'amélioration de ce monde. ______
8) Mon emploi fait appel à mes aptitudes naturelles et à mes talents. ______
9) Mon emploi actuel correspond à mes objectifs financiers à long terme. ______
10) Mon emploi me permet de m'épanouir sur les plans personnel, professionnel et financier. ______

NOTE TOTALE : ______
/ 10 = ______

Encerclez ce dernier chiffre à la page 227.

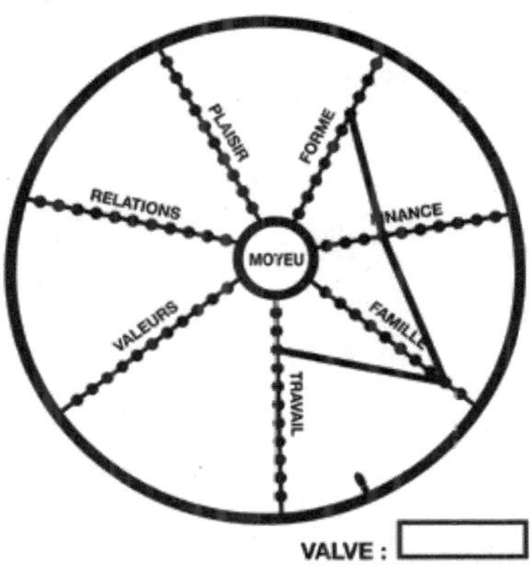

Accordez-vous une note sur une **échelle de 1 à 10:** 1 représente la note la plus basse/mauvaise/moins conforme à la réalité, et 10 représente la note la plus élevée/bonne/conforme à la réalité. Écrivez la note dans l'espace prévu pour chacune des dix questions. Puis, au bas de la page, **additionnez** ces notes pour les dix questions et **divisez** la somme par 10. Reportez le résultat sur le rayon VALEURS de votre OolaRoue à la page 227.

OOLAVALEURS

1) Mon évaluation de ma situation concernant mes valeurs/ma foi. ____________
2) Je me sens connecté à un but plus noble. ____________
3) Je suis membre d'une communauté qui partage les mêmes valeurs ou la même foi afin de continuer d'apprendre et de progresser. ____________
4) Je consacre au moins 20 minutes par jour à la méditation et/ou à la prière. ____________
5) Mon mode de vie est compatible avec mes valeurs/ma foi. ____________
6) J'utilise mes valeurs/ma foi pour m'aider à résoudre les conflits et les problèmes auxquels je suis confronté. ____
7) Je réfléchis souvent à mes valeurs/ma foi pendant la journée. ____________
8) Je pardonne facilement. ____________
9) Mes valeurs/ma foi me guident dans mes choix et mes décisions. ____________
10) Je me sens à l'aise de partager mes valeurs/ma foi. ________

NOTE TOTALE :
/ 10 =

Encerclez ce dernier chiffre à la page 227.

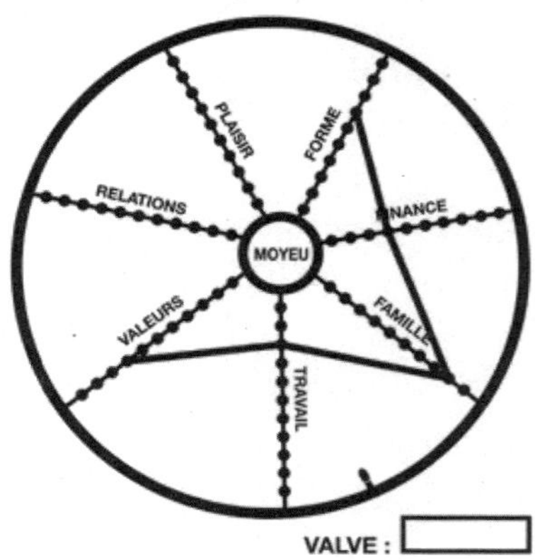

Accordez-vous une note sur une **échelle de 1 à 10**: 1 représente la note la plus basse/mauvaise/moins conforme à la réalité, et 10 représente la note la plus élevée/bonne/conforme à la réalité. Écrivez la note dans l'espace prévu pour chacune des dix questions. Puis, au bas de la page, **additionnez** ces notes pour les dix questions et **divisez** la somme par 10. Reportez le résultat sur le rayon RELATIONS de votre OolaRoue à la page 227.

OOLARELATIONS

1) Mon évaluation de mon réseau social d'amis. ____________
2) J'ai des amis avec qui j'entretiens une relation aimante, solidaire et valorisante, et ce, de façon inconditionnelle. ___
3) Je suis satisfait du nombre d'amitiés que j'ai actuellement. ____________
4) Je suis un bon exemple/mentor pour mes amis. ____________
5) Mes amis m'appuient dans la poursuite de mes rêves et sont de bons exemples/mentors pour moi. ____________
6) Lorsque je pense à mes trois amis les plus proches, je ne ressens aucun stress. ____________
7) Je communique ouvertement et je suis en confiance avec mes amis. ____________
8) J'ai des amis qui sont de bons mentors dans tous les 7 F d'Oola. ____________
9) Je n'entretiens aucune rancune ou du ressentiment envers mes amitiés actuelles. ____________
10) Je ne porte aucun jugement envers mes amis. ____________

NOTE TOTALE: ________
/ 10 = ______________

Encerclez ce dernier chiffre à la page 227.

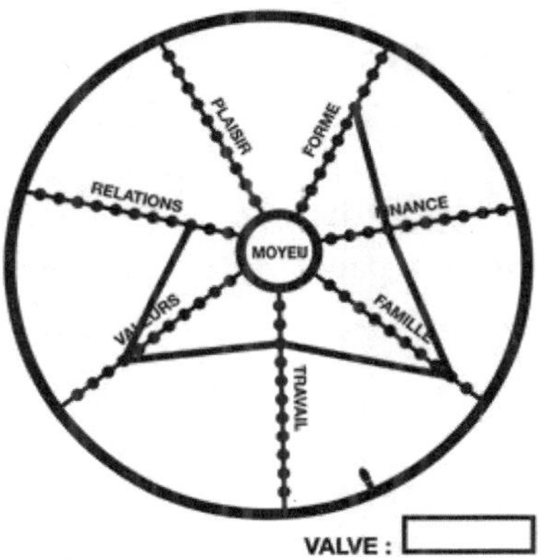

Accordez-vous une note sur une **échelle de 1 à 10**: 1 représente la note la plus basse/mauvaise/moins conforme à la réalité, et 10 représente la note la plus élevée/bonne/conforme à la réalité. Écrivez la note dans l'espace prévu pour chacune des dix questions. Puis, au bas de la page, **additionnez** ces notes pour chaque question et **divisez** la somme par 10. Reportez le résultat sur le rayon PLAISIR de votre OolaRoue à la page 227.

OOLAPLAISIR

1) Mon évaluation du plaisir que j'éprouve dans la vie. ______
2) Je profite de la vie et je m'amuse. ______
3) J'essaie souvent de nouvelles choses. ______
4) J'ai du plaisir et j'investis du temps dans ce qui me passionne (p. ex.: loisir, passe-temps, intérêt). ______
5) Je m'amuse à l'extérieur des heures de travail au moins trois fois par semaine. ______
6) Je coche chaque année au moins un item de ma «liste des choses à faire». ______
7) Je suis une personne agréable à côtoyer. ______
8) Le plaisir n'entre pas en conflit avec mes responsabilités. ______
9) Les autres disent de moi que je suis une personne amusante. ______
10) Je trouve facilement des sources de plaisir dans mon quotidien. ______

NOTE TOTALE: ______
/ 10 = ______

Encerclez ce dernier chiffre à la page 227.

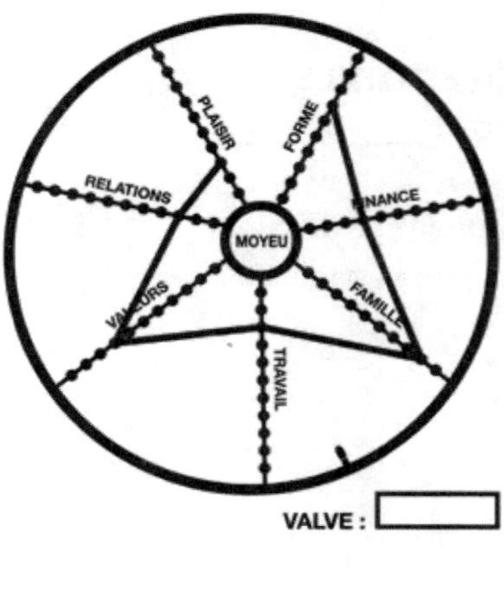

REMPLIR LA **OOLAROUE**

Maintenant que vous avez rempli les questionnaires, reportez vos résultats des pages 220 à 226 sur la OolaRoue et reliez les points. Si le cercle formé est régulier, cela indique que vous êtes une personne équilibrée. Un cercle irrégulier qui montre des aspérités permet d'identifier les aspects où subsiste un déséquilibre. Si des pensées du genre *Je me sens stressé et bousculé… rien ne tourne rondement* vous traversent l'esprit, l'exercice de l'OolaRoue vous montrera pourquoi.

Finissez de remplir votre OolaRoue de la manière suivante:

ÉTAPE 1: Identifiez votre moyeu et écrivez-le dans le moyeu de la roue.

ÉTAPE 2: Identifiez votre résultat le plus élevé et écrivez l'aspect correspondant dans la valve du diagramme.

ÉTAPE 3: Encerclez un point sur chaque rayon du diagramme qui correspond au résultat obtenu dans chaque questionnaire. Si le résultat pour un aspect est 1, encerclez le point *le plus rapproché* du moyeu. Si le résultat est 5, encerclez le point situé à mi-chemin.

ÉTAPE 4: Reliez les points.

ÉTAPE 5: Comment roule votre roue? Quel est l'aspect à améliorer en priorité?

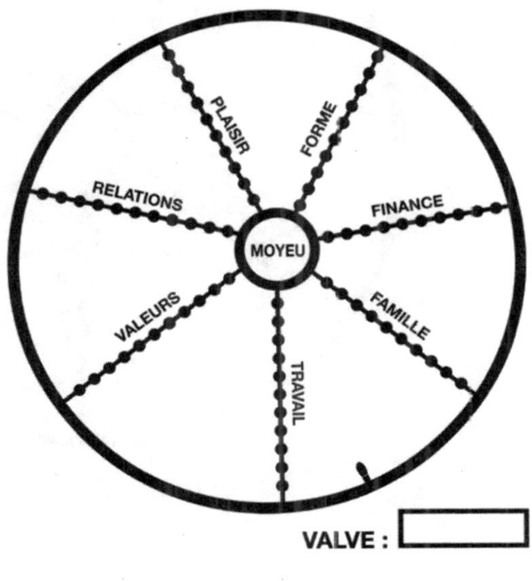

À QUOI RESSEMBLE **VOTRE OOLA**ROUE ? SUR QUELLE FACETTE **DEVEZ**-VOUS TRAVAILLER EN PRIORITÉ ?

Voici pourquoi l'OolaRoue est importante: identifier l'aspect où le déséquilibre est le plus marqué vous indique à quoi vous atteler en priorité. Si vos finances sont un fouillis et ont un impact négatif sur les autres facettes de votre vie, ce qui empêche votre roue d'être en équilibre, vous chercherez à y mettre de l'ordre avant de passer aux six autres F d'Oola.

Dans le chapitre suivant, vous élaborerez un plan personnalisé pour rétablir l'alignement des 7 Facettes. Maintenant que vous savez où vous vous situez, le temps est venu de créer un plan pour vous rendre à la destination voulue. Passons à la deuxième étape: l'OolaPlan.

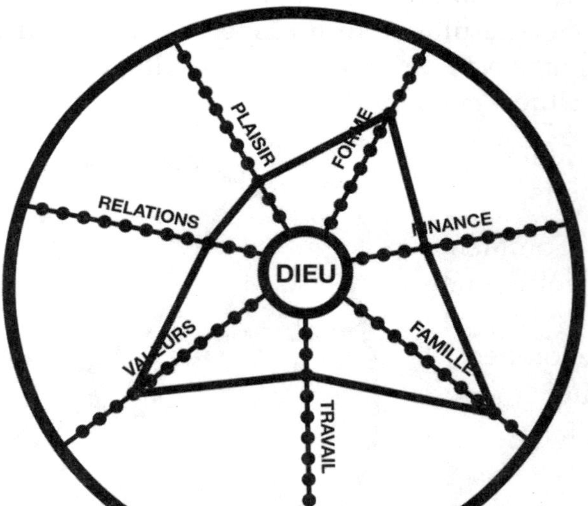

Chapitre 25

Étape 2: l'OolaPlan

Le 21-7-1

☛ ***Ne jamais arrêter. Ne jamais arrêter de se battre. Ne jamais arrêter de rêver.***

— TOM HIDDLESTON

LES OBJECTIFS SONT DES **JALONS** VERS VOS **RÊVES**

La plupart d'entre nous ont des rêves. Ces rêves nous aident à visualiser une vie parfaite en compagnie des personnes, des objets et des accomplissements que l'on désire. Les rêves sont ambitieux, enthousiasmants, exempts de peur, de doute de soi et autres croyances qui limitent. Nous nous disons: *Si je savais que les rêves peuvent vraiment se réaliser, qu'est-ce que j'aimerais avoir dans ma vie?* Un rêve n'exige pas de connaître le «comment» – il suffit de savoir le «quoi» et le «pourquoi».

Malheureusement, lorsque le moment arrive de transformer les rêves en réalité, la plupart des gens confondent rêves et *objectifs*. Les objectifs sont des jalons – les petits pas à faire pour concrétiser ses rêves. Les objectifs sont des actions planifiées et mises à exécution. Ce sont ces petits gestes que l'on doit faire, jour après jour, pour accéder à la vie de ses rêves.

QUELS SONT VOS OBJECTIFS? SONT-ILS **SENSÉS** OU **INSENSÉS**?

Une bonne façon de définir ses objectifs est d'utiliser la formule S.M.A.R.T. créée en 1981 par George Doran et présentée dans un article publié dans le magazine *Management Review.* «Il existe une façon intelligente de déterminer des buts et des objectifs», dit l'article, et nous sommes tout à fait d'accord. Voici les caractéristiques que *vos objectifs* devraient posséder.

- **SPÉCIFIQUE**

L'objectif devrait préciser les nombres, les quantités, les tailles ou tous les autres éléments quantifiables que vous désirez atteindre. L'objectif doit être compréhensible, clair pour quiconque et facile à se remémorer.

- **MESURABLE**

Une fois que votre objectif inclut les spécificités ci-dessus, il devient possible de mesurer si vous êtes sur le point de l'atteindre ou si vous en êtes encore loin. Vous pouvez alors suivre vos progrès et les consigner par écrit. Plus important encore, la mesurabilité vous permet de déterminer quand votre objectif est atteint ou non.

- **ACCEPTABLE**

Un objectif spécifique et mesurable est un objectif dont vous êtes redevable. Trouvez une personne qui vous aime, qui vous accorde son soutien et envers qui vous serez redevable par rapport aux objectifs que vous vous êtes fixés pour votre vie. Dans notre cas, c'était notre petit groupe de gars à Vegas. Pour vous, il peut s'agir d'amis, de voisins, de compagnons de travail, de membres de la famille. Trouvez un groupe qui vous aime suffisamment pour être ferme envers vous et qui vous maintiendra dans le droit chemin afin d'éviter que vous ne dériviez et que vous vous éloigniez des objectifs et des rêves que vous souhaitez pour votre vie.

Si vous avez déjà dit *Je vais suivre un régime à partir de lundi,* ou *Je vais fermer mon téléphone les dimanches,* ou *Je vais payer ma plus carte de crédit avec le plus gros solde dès la nouvelle année,* et que vous ne l'avez pas fait, alors vous avez besoin d'une solide équipe de soutien.

- **RÉALISTE**

Des rêves ambitieux et intangibles donnent parfois l'impression d'être irréalistes. Les objectifs doivent donc être formulés de manière à être atteignables avec les ressources, les connaissances, le temps et l'argent dont vous disposez – *ou dont vous pourriez éventuellement disposer.* Cette dernière distinction est importante, car la plupart des gens cessent de poursuivre leurs objectifs pour la simple raison qu'ils ne disposent pas les ressources nécessaires *actuellement.* Or, ils oublient qu'ils possèdent toujours la détermination, la passion et la capacité de collaborer avec d'autres personnes qui peuvent les guider, les informer, investir en eux et les aider d'une quelconque façon à atteindre leurs objectifs.

- **TEMPORELLEMENT DÉFINI**

La caractéristique peut-être la plus importante d'un objectif est de comporter une *date et une période de temps* à l'intérieur de laquelle il pourra être atteint. Vous pourriez écrire:

Le 1er janvier 2019, j'aurai complètement remboursé mon prêt étudiant de 68 000 $. Cependant, avant de fixer une date, faites vos devoirs: faites des recherches sur les moyens d'y parvenir et consultez des experts en la matière. Accordez-vous *suffisamment* de temps pour atteindre de manière réaliste l'objectif, question d'éviter que la poursuite de celui-ci accapare tout le temps disponible. Les projets ont tendance à prendre de l'expansion avec le temps qui leur est alloué. Faites en sorte que cela ne se produise pas.

OolaChercheur
Un sacré rêveur

Maintenant que vous avez utilisé l'OolaRoue pour évaluer où vous vous situez présentement, que vous avez identifié les OolaBloquants susceptibles de se mettre en travers de votre chemin et les OolaStimulants requis pour accélérer le processus, vous pouvez passer à l'étape suivante. C'est ma partie préférée du processus en trois étapes et la préférée des rêveurs: la préparation d'un OolaPlan.

« Tu es un sacré rêveur ».Toute ma vie, j'ai entendu ces mots. Mon esprit ne cesse jamais de créer de nouvelles possibilités et de rêver à de nouvelles façons de faire les choses. Je vous prie de me croire, les gens qui m'entourent l'ont remarqué. Je suis constamment en train de noter des nouvelles idées et de créer des organigrammes pour trouver des façons d'améliorer les choses. Ces plans sont habituellement détaillés et me valent amplement le qualificatif de « rêveur ». Ce titre semble un peu « geek », mais je suis fait ainsi. S'il est possible de projeter ma voix dans l'espace pour qu'elle soit transmise jusqu'à l'OolaGourou qui se trouve de l'autre côté du globe, et que sa voix puisse emprunter le même chemin pour revenir vers moi comme s'il était dans la pièce à côté, alors tout est possible. Tout.

Plus incroyable encore est le fait que la presque totalité de mes rêves, croquis et idées sont devenus des réalités sous une forme ou une autre. La façon d'y arriver peut parfois sembler tortueuse, mais ils finissent néanmoins par se concrétiser. Lorsque vous planifierez votre OolaVie, je vous encourage à rêver grand. Puis de jeter le tout à la poubelle pour rêver encore plus grand.

Je vais maintenant écrire quelque chose qui semble si éculé et ridicule que j'hésite à le faire. Mais permettez-moi de m'expliquer. Je veux que vous preniez le temps de vous retrouver. Je ne vous demande pas de vous livrer à un exercice du type « Mange, Prie et Aime » partout à travers le monde. Ce que je vous suggère est certes de nature similaire, mais en moins coûteux et moins exigeant en temps. Qu'est-ce que vous aimez réellement ? En quoi consiste votre environnement ? Quelles sont vos valeurs les plus importantes ?

☛ ***Lorsque vous planifierez votre OolaVie, je vous encourage à rêver grand. Puis de jeter le tout à la poubelle pour rêver encore plus grand.***

Ce n'est pas le temps de penser à ce que les autres souhaitent pour vous. Votre OolaPlan est votre empreinte digitale. Il est propre à vous et à personne d'autre. Il s'agit de VOTRE vie, et vous devez vivre VOTRE vie et poursuivre VOS rêves. Bien sûr, nous devons tenir compte des autres et les respecter, mais il est très important de poursuivre le but que Dieu vous a assigné. Lorsque tout aura été dit et fait, et que vous aurez rendu votre dernier souffle, que restera-t-il ? Ne laissez rien d'inachevé. Donnez de l'amour, recevez de l'amour et rendez ce monde meilleur en vous lançant à la poursuite de votre OolaVie et en la vivant. Ce processus, qui vise en gros à établir un équilibre dans votre vie et à la faire progresser, exige que vous utilisiez votre tête. Dans l'OolaPlan, la chance vous est offerte d'utiliser votre cœur. Écoutez votre appel et suivez vos rêves.

OolaGourou
Les listes de la vie

D'aussi longtemps que je me souvienne, j'ai organisé mes objectifs sous forme de listes. Prendre le temps de réfléchir sérieusement à la vie que vous souhaitez mener, puis consigner le tout par écrit sur une feuille de papier est plus importants qu'il n'y paraît de prime abord pour la plupart des gens. Une vie désirée, mais uniquement visualisée, ne restera qu'un rêve. Mais en l'écrivant, elle devient un objectif. Je vois mon OolaPlan comme une liste de choses à faire. Je n'ai pas atteint tous mes objectifs, loin de là. Je peux cependant affirmer que cet exercice me rapproche davantage de ma OolaVie que si je m'étais contenté de rêvasser à son sujet.

Mes premiers OolaPlans étaient très simples et tout à fait atteignables. Avec le temps, et dès que j'ai personnellement constaté l'efficacité d'un OolaPlan écrit, le processus a évolué pour se transformer en exercice plus détaillé auquel je consacre davantage de temps. Par exemple, mes premiers OolaPlans ne pouvaient contenir qu'un item pour chaque F d'Oola. Cette année, mon plan remplit quatre pages pleines écrites à interligne simple en petits caractères et comprend des catégories et des sous-catégories. Un peu excessif… probablement. Mais c'est par choix que j'y consacre plus de temps et que je travaille de manière plus détaillée. Puisque je sais que ça fonctionne, je prends maintenant plaisir à le faire. Je prépare un OolaPlan de base une fois par année et je le mets à jour hebdomadairement. Je commence en novembre, je profite de l'OolaPalooza de décembre pour le peaufiner, et je lui donne habituellement sa forme finale à l'arrivée de la nouvelle année.

Au fil des ans, j'ai conservé mes OolaPlans. Voici des exemples des objectifs que je me suis fixés. Encore une fois, je ne les ai pas tous atteints. Je continue à travailler vers un équilibre et une progression.

Voici un exemple :

- **OolaForme (2004 – 2009)**

Objectif 1 : Courir jusqu'à la boîte aux lettres
Objectif 2 : Courir un kilomètre
Objectif 3 : Courir un marathon
Rêve OolaVie : Terminer un Ironman (2009)

- **OolaFinances (1994 – 2008)**

Objectif 1 : Rembourser un 20 $ supplémentaire sur ma carte de crédit
Objectif 2 : Économiser 100 $ par mois pour un fonds d'urgence
Objectif 3 : Rembourser mon prêt auto
Rêve OolaVie : Ne plus avoir de dettes (2008)

- **OolaFamille (1996 – aujourd'hui)**

Objectif 1 : Une soirée en amoureux avec Kris
Objectif 2 : Un repas autour de la table en famille trois fois par semaine
Objectif 3 : Des vacances en famille, une fois en hiver et une fois en été
Rêve OolaVie : Maintenir un lien profond avec mon épouse qui durera après le départ des enfants pour leurs études (toujours en cours)

- **OolaTravail (1995 – 1999)**

Objectif 1 : Rédiger un plan d'affaires
Objectif 2 : Trouver un emplacement
Objectif 3 : Posséder ma propre entreprise
Rêve OolaVie : Développer un marché international (1999)

- **OOLAVALEURS (2002— aujourd'hui)**

  Objectif 1: Redevenir pratiquant

  Objectif 2: Lire le Nouveau Testament

  Objectif 3: Assister à une célébration religieuse au moins deux fois par mois

  Rêve OolaVie: Devenir le chef spirituel de ma famille (toujours en cours)

- **OOLARELATIONS (2009 – aujourd'hui)**

  Objectif 1: Renouer le contact avec Ern

  Objectif 2: Planifier un voyage à Las Vegas pour créer notre OolaPlan

  Objectif 3: Réunir le groupe pour un voyage d'aventure sur une île

  Rêve OolaVie: Créer un répertoire d'amis et de mentors animés d'un profond désir d'atteindre Oola, être solidaires et s'entraider à devenir de meilleures personnes (toujours en cours)

- **OOLAPLAISIR (1998 – 2002)**

  Objectif 1: Modifier le plan d'affaires pour laisser plus de temps au plaisir

  Objectif 2: Organiser mon horaire pour ne passer que trois jours par semaine sur mon lieu de travail

  Objectif 3: Passer l'été sur le bord du lac

  Rêve OolaVie: Faire le tour du monde en famille (2002)

Ne perdez pas de vue que je suis une personne qui ne fait rien à moitié. Il m'est facile d'être passionné et déterminé. Votre OolaPlan vous appartient en propre. Soyez honnête quant à votre situation actuelle, visualisez la vie que vous souhaitez vivre, écrivez un plan pour y arriver et restez fidèle à ce plan. Votre OolaPlan est la liste d'emplettes qui correspond à la vie que vous désirez et que vous méritez.

21-7-1
IDENTIFIER VOTRE OOLAUN

Nous sommes des fans finis de Warren Buffet, l'investisseur milliardaire et le philanthrope sans prétention d'Omaha, au Nebraska. Pour se fixer des objectifs, il recommande d'écrire les vingt premières choses que vous voulez faire dans la vie, puis de les biffer en ne conservant que les trois premiers objectifs *que vous tenterez ensuite d'atteindre.*

Nous sommes d'accord avec cette démarche.

Si vous écrivez dix items sous chacun des F d'Oola, vous vous retrouverez avec soixante-dix objectifs à atteindre. C'est énorme. C'est la recette parfaite pour vous sentir dépassé. Choisissez plutôt vos sept objectifs les plus importants – sans que ce soit nécessairement un par catégorie – qui apporteront de l'équilibre dans votre vie (et qui correspondent aux rêves les plus chers que vous souhaitez réaliser). Procédez de cette manière et vous travaillerez par le fait même à maintenir un équilibre dans les sept facettes. Une fois que vous êtes sur une lancée et que vous croyez en vos capacités, regardez vos autres objectifs et attelez-vous à les atteindre, l'un après l'autre.

Bien entendu, si vous voulez vraiment amener rapidement votre vie à un niveau supérieur et qui aura le plus grand impact, nous vous mettons au défi de passer de sept objectifs à un seul, un objectif majeur et audacieux sur lequel vous concentrerez toute votre attention et qui est susceptible de transformer véritablement votre vie. Cet objectif ne sera peut-être pas celui que vous *voulez* atteindre, mais celui que vous savez en votre for intérieur que vous *devez* faire. Est-ce trouver un emploi mieux rémunéré ou terminer votre maîtrise en administration des affaires? Est-ce perdre du poids et prévenir des ennuis de santé futurs? Est-ce traiter une dépendance? Est-ce que vous libérer de vos dettes changerait votre vie actuelle? Quelle est *cette* chose en ce qui vous concerne… votre OolaUn?

PRENEZ UN MARQUEUR ET **COMMENCEZ** À ÉCRIRE VOS **OBJECTIFS**

Nous vous invitons à commencer à écrire vos principaux objectifs Oola. Pour vous exercer à établir des objectifs que vous êtes en mesure d'atteindre, formulez-en trois pour chacun des 7 F d'Oola (pour un total de 21 objectifs). Utilisez la méthode SMART présentée dans les pages précédentes.

Ensuite, parmi ces 21, retenez les sept objectifs les plus importants – les sept objectifs susceptibles de vous procurer une vie plus équilibrée et qui sont en cohérence avec vos rêves les plus ambitieux.

Enfin, procédez au choix de l'OolaUn, l'objectif ultime qui, une fois accompli, peut s'avérer l'étincelle qui amorcera un changement susceptible de transformer votre vie tout entière.Maintenant, au travail!

21 OBJECTIFS

- OOLA**FORME**

  Objectif OolaForme ______________________________

  Objectif OolaForme ______________________________

  Objectif OolaForme ______________________________

- OOLA**FINANCES**

  Objectif OolaFinances ____________________________

  Objectif OolaFinances ____________________________

  Objectif OolaFinances ____________________________

- OOLA**FAMILLE**

  Objectif OolaFamille ________________________________

  Objectif OolaFamille ________________________________

  Objectif OolaFamille ________________________________

- OOLA**TRAVAIL**

  Objectif OolaTravail ________________________________

  Objectif OolaTravail ________________________________

  Objectif OolaTravail ________________________________

- OOLA**VALEURS**

  Objectif OolaValeur ________________________________

  Objectif OolaValeur ________________________________

  Objectif OolaValeur ________________________________

- OOLA**RELATIONS**

  Objectif OolaRelations ______________________________

  Objectif OolaRelations ______________________________

  Objectif OolaRelations ______________________________

- OOLA**PLAISIR**

  Objectif OolaPlaisir ________________________________

  Objectif OolaPlaisir ________________________________

  Objectif OolaPlaisir ________________________________

Sept principaux objectifs

1. ______________________________

2. ______________________________

3. ______________________________

4. ______________________________

5. ______________________________

6. ______________________________

7. ______________________________

OolaUn

1. ______________________________

____

____

Chapitre 26

Étape 3 : la OolaVoie
Comment faire pour vous y rendre ?

☛ ***Rêvez grand, puis commencez petit. Mais par-dessus tout, commencez.***

— SIMON SINEK

Rendu à cette étape, vous avez déterminé où vous vous situez présentement (étape 1), et là où vous aimeriez aller (étape 2) dans les sept facettes clés de votre vie. Le moment est venu de concevoir et d'implanter les moyens d'action qui vous permettront de vous y rendre… la OolaVoie. La OolaVoie est le chemin qui mène à votre OolaVie. Sans ces moyens d'action, il est impossible de progresser.

OolaChercheur
Sur la route

J'ai fait plusieurs voyages en voiture dans ma vie. Certains n'ont duré qu'une journée, d'autres se sont étirés sur un weekend et quelques-uns ont nécessité une semaine à dix jours pour se rendre à des destinations éloignées qui offraient d'innombrables aventures et anecdotes à raconter. Toutes mes virées sur la route ont laissé des souvenirs impérissables qui font maintenant partie de moi et qui, d'une certaine manière, me définissent. Lorsque ma vie arrivera à son terme, les histoires en lien avec ces voyages en automobile continueront à vivre à travers ma famille et mes amis. Certaines les feront rire aux éclats et d'autres leur tireront quelques larmes.

Si j'aime tant ce genre de voyage, c'est parce qu'on ne sait jamais ce qui se trouve au prochain tournant. Il peut s'agir d'une route bloquée en raison d'un chantier de construction, d'une bordée de neige en juin dans un col de montagne ou d'un péage qui n'accepte que les euros alors que je n'ai sur moi qu'une carte de débit et quelques dollars américains. Il peut s'agir du plus formidable «hamburger et frites» que j'ai jamais mangé, d'un champ de lin en fleurs qui s'étend telle une mer bleue sans fin ou de mon paysage préféré: le premier aperçu de l'horizon infini de l'océan. Il n'y a rien de plus beau que rouler sur une montagne ou tourner un coin et voir l'océan pour la première fois lors d'un voyage sur la route. Je me sens alors comme un enfant qui jette un coup d'œil furtif à travers un coin de papier déchiré d'un présent de Noël et qui aperçoit le jouet qu'il désirait depuis longtemps. Vous ne savez jamais ce qui va arriver et vous devez constamment vous adapter et continuer d'avancer. La seule certitude est qu'en cours de route, vous aurez votre lot de belles surprises et d'épreuves.

Un de mes voyages en automobile les plus mémorables s'est déroulé sur les routes de la France en compagnie de mes enfants.

Si l'idée ne vous est jamais venue de rouler en voiture avec cinq enfants de Paris aux plages de Normandie en passant par Bordeaux, puis d'aller dans les Alpes françaises et de pousser jusqu'â Cannes en Méditerranée, je ne vous le recommande pas à moins que vous ne disposiez d'un vaste réservoir de patience et d'endurance ainsi qu'un système de navigation à jour. Comme c'est le cas pour chaque virée sur la route dans ma vie, l'équilibre entre les bons et les moins bons moments s'est encore avéré la norme; par contre, le résultat final a été magique.

Paris a été une étape très amusante. La tour Eiffel est plus haute que je ne le pensais et le Louvre est un espace infini et intemporel. L'Arc de Triomphe possède le plus chouette des escaliers en colimaçon et s'asseoir à l'étage supérieur d'un bus rouge sans toit et dire bonjour aux Parisiens a été une activité mémorable pour mes deux plus jeunes enfants, allez savoir pourquoi. Les villages pittoresques, la plage Omaha et le sable le long du littoral Atlantique, valaient le détour. Flâner et faire des emplettes sur la Côte d'Azur, puis faire du jet-ski sur la Méditerranée ont été des moments forts. Toutefois, chaque fois je reparle de ce voyage avec mes enfants, la conversation bifurque invariablement sur Nancy.

Nancy était le nom que nous avions donné à notre fidèle système de navigation, à peine cinq minutes avec avoir pris possession de notre véhicule loué à l'aéroport Charles-de-Gaulle de Paris. Je ne me rappelle plus qui a suggéré ce nom, mais Nancy la navigatrice était maintenant notre compagne de voyage pour le reste du périple. Elle avait une connaissance intime de la route et comme elle parlait anglais, elle est devenue une amie. Après avoir quitté la région de Bordeaux, Nancy a pris les choses en main pour m'indiquer comment je pouvais me rendre dans le sud de la France avec ma précieuse cargaison. Si vous utilisez un système de navigation lors de vos voyages sur route et que vous ne voulez rien manquer d'intéressant à voir, programmez toujours le trajet le plus court et non le plus rapide. Lors de cette portion du voyage, la route la plus courte nous a menés tout droit dans les Alpes. Trois heures de route plus tard, la route où nous roulions ne comptait plus qu'une seule voie, moitié asphaltée et moitié en terre, qui était bordée par une falaise de 600 mètres côté passager. Les deux heures qui ont suivi ont été remplies de sensations fortes, d'innombrables éclats de rire et de constants «Où diable sommes-nous, Nancy?» Nous étions dans un coin si reculé que j'ai pu me garer au sommet d'une montagne pour faire une pause et laisser les filles faire un petit besoin naturel dans les herbes des Alpes françaises.

Aussi isolés que nous fussions, nous sommes rapidement arrivés dans un petit village qui arborait le symbole le plus américain que l'on puisse imaginer de nos jours. Sorties de nulle part, les Arches dorées sont apparues au sommet d'un pic. Avoir la possibilité de rompre avec la règle édictée par ma fille aînée de ne manger que dans les cafés et les châteaux pour déguster un bon vieux «hamburger et frites» de McDonald's a été pour moi un soulagement. Le canard émincé, les joues de porc et le veau n'étaient déjà plus qu'un vague souvenir. Les employés ne parlaient pas notre langue, mais le menu était écrit en anglais et le restaurant était muni d'une borne internet à haute vitesse. Nous nous sommes tous régalés de nos wraps au poulet ainsi que nos hamburgers et frites tout en consultant Facebook et nos courriels. Un trajet éprouvant avait mené à une expérience incroyable et, encore une fois, à un souvenir impérissable.

La vie est comme un gigantesque voyage sur la route et votre OolaPlan est votre carte. L'OolaPlan est votre Nancy personnelle qui vous guide à travers cette folle aventure appelée la vie. Je peux vous assurer que tout finit par s'égaliser dans la vie, même si cela ne va pas toujours comme prévu. Parfois, vous serez confronté à des routes difficiles, vous vous sentirez perdu et vous aurez l'impression que les autres vous font obstacle. Il y aura cependant des victoires inattendues et des surprises agréables. La pire chose que vous puissiez faire est de n'avoir aucun plan ni aucune voie à suivre. Restez toujours à l'intérieur du cadre que vous avez construit au fil du temps. Si vous êtes rendu aussi loin dans la lecture de ce livre, vous êtes sur le point de vivre un changement. Vous êtes au seuil d'une nouvelle vie où il vous sera possible de vivre l'existence dont vous rêvez.

Au fil des ans, j'ai appris à respecter mon OolaPlan, mais avec souplesse. Lorsque je me trouvais au fond du baril, je n'avais pas de plan et pas de chemin à suivre. Je laissais les choix des autres dicter ma vie. Cependant, dès que j'ai commencé à planifier et à suivre un itinéraire, mon Oola a augmenté. J'ai commencé à consulter mon OolaPlan chaque matin à mon réveil et chaque soir avant d'aller au lit. Les choix que j'ai faits jour après jour ont été des choix en concordance avec mon OolaPlan et ma OolaVoie, et qui m'ont rapproché toujours plus de ma OolaVie.

OolaGourou
La fiche 3 x 5

J'aime la technologie. J'aime mon iPhone, les applications Twitter et les médias sociaux. Mais en matière d'OolaVoie, je suis plutôt du genre traditionnel. Je ne parle pas ici d'un ordinateur portable… plus ancien encore. Pas d'autocollants Post-It non plus. Encore plus ancien. Pas de machine écrire (pour ceux et celles qui savent encore ce que ces mots signifient). J'utilise des petites fiches lignées 3 po x 5 po.

Je les utilise parce que ce système m'aidait, et m'aide encore, à ne pas perdre de vue ma OolaVoie. Une fiche n'a pas besoin de piles. Je peux l'utiliser dans un avion en vol, sur la plage ou dans un lieu sans connexion WIFI ou signal cellulaire. La liste est infinie.

Chaque soir, lorsque je passe en revue ma OolaVoie, je sors une fiche 3x5 lignée pour écrire ma liste de choses à faire pour le lendemain. Je trace au centre de la fiche un trait de haut en bas pour la diviser en deux sections. À gauche sont inscrites les tâches qui requièrent mon attention. À droite sont les trois items qui sont plus directement en lien avec les objectifs et les rêves que je poursuis. Les gestes concrets que je vais poser pendant cette journée et qui visent à me rapprocher de mes objectifs et de ma OolaVie.

Voici ma fiche pour demain:

Côté gauche de ma fiche

✓ Déposer les enfants à l'école
✓ Courir jusqu'au supermarché
✓ Payer les factures
✓ Faire la vidange d'huile

Côté droit de ma fiche

✓ Courir six kilomètres
✓ Trois jus frais
✓ Écrire un blogue
✓ Réserver un vol pour ma rencontre du mois d'août

Ennuyant, très peu sexy et peut-être même un tantinet constipant. Mais si vous creusez un peu plus, vous constaterez que toutes ces choses me mènent indirectement vers ma OolaVoie. Ce sont des petits pas dans la bonne direction. En effet, ces tâches visent à améliorer ma condition physique, mes finances, ma famille, mon plaisir et ainsi de suite. Tous ces gestes finissent par s'additionner, comme dans un marathon. Chaque foulée semble insignifiante, mais éventuellement, au total, elles vous vaudront une médaille autour du cou.

Il me faut habituellement moins de deux minutes le soir pour écrire cette liste. La plupart du temps, je la modifie légèrement le lendemain. Certains jours, je commence avec sept items, j'en raie quatre, j'en ajoute quatorze et je finis avec dix-sept. D'autres jours, tous les items sont rayés dès midi. Le pourcentage de réussite importe peu. Ce qui importe, c'est d'instaurer une saine habitude, celle d'avoir chaque jour un but à poursuivre et que cette journée soit consacrée pour l'essentiel à des gestes qui vous rapprochent de la vie de vos rêves. Pour être efficace, cette liste ne doit pas nécessairement contenir que des choses à faire qui sont très productives. Certains jours, ma liste ne contient que les mots «flâner sur le quai» ou «flâner sur la plage». Encore là, je demeure dans ma OolaVoie, au service de mon OolaPlaisir ou de ma OolaFamille.

Une simple liste de choses à faire vous permet d'avoir une meilleure prise sur votre journée, et non que la journée ait une prise sur vous. Des pas significatifs faits quotidiennement, même s'ils sont modestes, sont nécessaires pour arriver à une OolaVie. Qu'il s'agisse d'une fiche ou d'un site Web, peu m'importe. Tout ce que j'espère, c'est que vous fassiez ce premier pas sur votre OolaVoie.

C'EST MAINTENANT À VOTRE TOUR, MAIS POURQUOI UNE FICHE 3X5?

Notre utilisation des fiches 3x5 remonte à 1997 lors de la première rencontre avec notre équipe au Hard Rock Hotel de Las Vegas pour fixer nos objectifs. La musique était forte, l'éclairage mauvais et personne n'avait vraiment envie de se retrouver assis derrière un portable ouvert. Nous avons donc eu recours à des fiches pour consigner par écrit non seulement où nous nous situions par rapport aux sept facettes clés de la vie, mais aussi là où nous voulions aller – et plus important encore, ces *gestes que nous poserions* pour transformer nos rêves en réalité.

Nous utilisons encore des fiches aujourd'hui et nous vous recommandons de faire de même. Le processus qui consiste à réfléchir aux actions spécifiques à poser pour réaliser vos rêves, puis à les mettre par écrit de votre propre main et à ressentir cette impression d'accomplissement chaque fois que vous rayez une action après l'avoir complétée a quelque chose de particulier. Là résident toute la puissance, la beauté et la simplicité de cette démarche.

ACTION QUOTIDIENNE
FICHE 3 X 5

Dans le brouhaha de ce monde déséquilibré, il est facile de perdre de vue vos rêves dans le train-train quotidien. Pour vous assurer qu'ils demeurent votre priorité, chaque soir avant de vous mettre au lit, prenez une fiche 3 x 5 et écrivez au moins trois actions que vous ferez le lendemain qui vous rapprocheront vers un (ou plus) des sept principaux objectifs de votre OolaPlan.

La fiche peut comprendre des petits gestes quotidiens – épicerie, nettoyage à sec, conduire les enfants à leur pratique de soccer. Toutefois, assurez-vous d'inclure dans votre liste *au moins trois* items qui vous rapprocheront de votre OolaVie. Au besoin, tracez un trait au milieu, de haut en bas, pour séparer les choses moins importantes de vos objectifs réels de vie.

Passez ensuite à l'étape 3, celle de l'OolaVoie jour après jour, et en moins d'une année, vous aurez fait plus de 1 000 actions vers votre OolaVie – contrairement à la plupart des gens que nous avons rencontrés et qui n'avaient posé *aucun geste* vers leurs rêves depuis des années. Mettez-vous au travail!

OOLAVIE	
- *Épicerie* - *Lessive* - *Aller chercher les enfants* - *Laver la voiture*	- *Courir 3 km* - *Faire un budget* - *Rendez-vous romantique*
FAITES PREUVE DE GRATITUDE, AYEZ LA FOI ET LANCEZ-VOUS À LA POURSUITE DE VOTRE OOLAVIE.	

<table>
<tr><th colspan="2">OOLAVIE</th></tr>
<tr><td></td><td></td></tr>
<tr><td colspan="2">FAITES PREUVE DE GRATITUDE, AYEZ LA FOI ET LANCEZ-VOUS À LA POURSUITE DE VOTRE OOLAVIE.</td></tr>
</table>

NE VOUS LIMITEZ PAS À **DEUX ÉTAPES** DANS UNE QUÊTE À **TROIS ÉTAPES**

Puisque votre cheminement vers Oola est une quête à trois étapes, ne vous limitez pas à seulement deux. Chaque soir, prenez le temps d'écrire au moins trois actions avec l'intention délibérée de vous rapprocher de vos objectifs.

Simplement planifier et poser votre premier geste vers une OolaVie permettra souvent de neutraliser la folie du quotidien. Vous vous sentirez alors en meilleur contrôle de votre destinée. C'est comme un changement de cap : vous prenez en charge votre avenir.

Ne vous limitez pas à la planification. Le but de ce livre est de vous encourager et de vous inspirer à vous lancer *à la poursuite* d'une meilleure vie – une vie avec moins de stress. Une vie équilibrée et en progression. La vie dont vous rêvez et que vous méritez. Une OolaVie.

Dans notre périple en OolaBus, nous rencontrons des gens à chaque arrêt et nous pouvons vous assurer, l'expérience nous l'a démontré, que le simple fait de prendre ces décisions vous procurera un sentiment d'accomplissement et vous donnera l'impression d'avoir déjà fait la moitié du chemin.

Le temps est venu de faire ce qui est requis pour parcourir la distance qui reste. Passez à l'action dès aujourd'hui.

Chapitre 27

L'OolaVie
Vivre le rêve

☛ ***Vous avez été conçu par Dieu dans un dessein de grandeur et avec un but précis. Pourquoi vous contenter de l'ordinaire lorsque l'extraordinaire est en vous ?***

— LES OOLASENCHEF

Dessiner votre OolaRoue, créer votre OolaPlan et suivre votre OolaVoie visent un but précis: vous proposer trois étapes simples qui mènent à une OolaVie. Trois étapes qui vous permettront d'acquérir de saines habitudes et qui vous mettront sur la voie de la vie de vos rêves, de la vie que vous méritez… de votre OolaVie.

Une fois que vous aurez pris l'habitude d'autoévaluer où vous vous situez par rapport aux 7 F d'Oola (OolaRoue), que vous aurez une vision claire de la façon dont vous maintiendrez équilibre et progression (OolaPlan) et que vous poserez les gestes requis pour atteindre ces objectifs (OolaVoie), l'OolaVie est à portée de main.

Après vous être prouvé à vous-même que vous pouvez établir un équilibre et une progression dans votre vie, le vrai plaisir commence. La planification de votre OolaVie peut commencer. Pensez à une échéance de trois, cinq, dix ou vingt-cinq ans. Grâce à un historique de réussites qui vous procurera confiance et motivation, vos rêves trouveront un sens et vous pourrez préparer votre OolaVie. Comment voyez-vous votre place dans la vie? Qu'en est-il de votre forme physique? De vos finances? Quel est l'emploi dont vous rêvez? Qu'en est-il de vos relations interpersonnelles? Quels sont vos intérêts et vos loisirs? Quelle est votre vocation? Quel est votre but dans la vie? Visualisez votre vie, écrivez-la et passez à l'action dès aujourd'hui.

OolaChercheur
Oola est sexy

J'ai été marié pendant dix-sept ans. J'adorais la vie maritale et j'avais tout misé sur mon mariage. J'étais loin d'être parfait et j'ai fait plusieurs erreurs, mais j'aimais ma famille, mon épouse et ma vie. Pendant ces dix-sept années d'union, j'ai été le soutien financier de ma famille, j'ai changé des couches, j'ai préparé des repas et j'ai essayé d'être le plus romantique possible compte tenu du fait que nous avions cinq enfants.

Après notre divorce, je me suis demandé: «Qu'est-ce qui manque le plus à mon ex-épouse à propos de notre mariage?» Cette question m'est souvent revenue en tête après le divorce.

Évidemment, je savais ce qu'elle n'aimait pas à mon sujet, mais y avait-il quelque chose qui lui manquait vraiment ? Était-ce tout ce que j'avais fait pour la famille ? Le fait que je prenais soin des enfants et les trucs amusants que je faisais avec eux ? Était-ce quelque chose en lien avec mon apparence physique ? Mon sourire, mes cheveux, les trois kilos qui me séparaient d'un corps d'athlète ? Y avait-il quelque chose qu'elle trouvait séduisant et qui lui manquait ?

☛ ***Oola est sexy.***

Récemment, j'ai trouvé le courage de lui poser la question. Comme j'ai une excellente relation avec elle, j'ai décidé de tenter le coup. Sa réponse a été rapide et m'a pris par surprise jusqu'à ce que j'aie la chance d'y réfléchir plus longuement. Elle m'a dit qu'il y avait trois choses à mon sujet qu'elle avait toujours trouvé sexy et qui lui manquait. Le plus sexy était ma passion pour la vie et le fait que j'essayais toujours de créer de nouvelles choses, moi qui avais toujours cru qu'elle détestait cela et qui avais pris l'habitude de modérer mes ardeurs afin de ne pas l'indisposer. Elle trouvait également sexy ma confiance et ma foi que peu importe ce qui arrive, tout arrive pour une raison et que tout ira bien. La dernière chose qui lui manquait était mon cahier de notes posé à côté du lit.

Ce cahier de notes qui contenait ma OolaRoue, mon OolaPlan, ma OolaVoie et toutes ces choses que je désirais dans ma OolaVie. Je chérissais ces cahiers de notes. Chaque rêve que j'ai pu entretenir et chaque chose que j'ai voulu faire étaient consignés dans ces cahiers. Y compris les plans et le nom du voilier que j'utiliserais un jour pour faire le tour du monde. Si Dieu le veut. J'écrivais tout et je le lisais encore et encore. Je modifiais, changeais et adaptais l'OolaVoie constamment pour déterminer la voie à suivre vers ma OolaVie.

J'ai appris que ce qui est vraiment sexy et désiré par les autres, c'est une personne avec la passion, la détermination et la confiance en sa capacité de vivre ses rêves. Ce que vous désirez profondément être, faire et avoir – votre OolaVie – sera respecté et aimé. Vivre une OolaVie est sexy.

Déterminez où vous en êtes aujourd'hui. Suivez les principes présentés dans ce livre et découvrez votre OolaVie. Peu importe ce que vous avez fait ou omis de faire, peu importe ce qui est arrivé dans le passé, vous méritez votre OolaVie. Ne vous contentez pas d'une BonneVie ou d'une OkVie – visez votre OolaVie!

OolaGourou
Viser Oola et trouver le «bonheur»

Il y a constamment autour de moi des gens à la recherche du bonheur et qui sont tout sourire chaque fois qu'ils sortent d'un magasin les bras chargés de paquets. Chaque annonce publicitaire essaie de me convaincre que si j'achète ceci ou cela, je serai heureux. Sinon, à tout le moins, je serai sexy et c'est *ça* qui me rendra heureux.

Le bonheur est *cool*, certes, mais il reste à mes yeux éphémère et superficiel. On nous porte à croire qu'il est possible de maintenir un niveau de bonheur constant. Si vous adhérez à cette vision et que vous croyez que chaque Noël est féérique, que chaque journée de mariage est idyllique, qu'élever des enfants est une partie de plaisir et que chaque année est nécessairement supérieure financièrement parlant à la précédente, vous vous préparez toute une vie marquée par des lendemains qui déchantent.

C'est pour cette raison que je ne suis pas en quête du bonheur. Je suis en quête d'Oola. Curieusement, cette quête m'amène à croiser régulièrement le «bonheur». Le bonheur est un effet secondaire agréable et fréquent de la quête d'une OolaVie.

Oola n'est pas un raccourci, une lampée de boisson énergisante dont l'effet s'estompe rapidement lorsque l'excitation disparaît et que la facture arrive. Oola est plus profond que le bonheur, plus intensément satisfaisant.

Ironiquement, dans mon cheminement personnel, je n'ai jamais cherché à être heureux. Ce n'est pas que je refusais le bonheur. Qui ne souhaite pas être heureux? Seulement, le bonheur n'était pas mon principal objectif.

Lorsque je faisais beaucoup de sacrifices pour m'acquitter de mes dettes, le bonheur n'était pas mon objectif. Mon objectif était de ne pas avoir de dettes et non d'être heureux. Lorsque j'ai terminé mon Ironman, je ne l'ai pas fait pour être heureux, je l'ai fait pour être en forme. Lorsque j'ai parcouru le monde, je n'étais pas à la recherche du bonheur. J'étais avide de découvrir de nouvelles cultures et de vivre des expériences qui me feraient grandir.

Si mon unique objectif était d'être heureux, je ne serais pas en train de vivre ma OolaVie. J'aurais renoncé à m'acquitter de mes dettes à la première facture imprévue. J'aurais quitté mon mariage à la première dispute. J'aurais démissionné de mon emploi à ma première erreur. J'aurais renoncé à mon amour du voyage à mon premier vol annulé. Jeme serais détourné de ma foi à mon premier doute.

Ne cherchez pas le bonheur, cherchez plutôt Oola. Profitez de toutes les expériences que la vie vous offre pour apprendre. Je vous promets une chose: si vous vous engagez à chercher Oola, vous rencontrez le bonheur à de très nombreuses occasions en cours de route.

****

Les trois étapes d'Oola fonctionnent réellement. Créez votre OolaRoue, votre OolaPlan et votre OolaVoie, et l'OolaVie sera vôtre. Cela exige de la discipline, des attentes réalistes, des efforts et de la persévérance. Vous troquerez la gratification immédiate pour des lendemains Oola.

Si vous agissez ainsi et que vous restez constamment à la recherche d'équilibre et de progression dans votre vie, vous aurez non seulement la vie de vos rêves, mais vous ferez un sacré voyage pour vous y rendre.

CONCLUSION

> ☛ ***Un voyage d'un millier de kilomètres commence par un premier pas.***
>
> — LAO TSEU

L'objectif de ce livre est de vous encourager et de vous inspirer dans votre recherche d'une meilleure vie. Une vie équilibrée et qui progresse. La vie dont vous rêvez et que vous méritez. L'OolaVie.

À travers nos anecdotes personnelles, nos apprentissages, nos réussites et nos échecs, nous espérons vous inciter à faire le premier pas. L'OolaVie en vaut la peine.

Vous ne pouvez pas revenir en arrière et tout recommencer depuis le début, mais vous pouvez amorcer quelque chose dès aujourd'hui pour préparer une fin différente. Terminez en force! Trouvez un équilibre dans votre vie. Cultivez les 7 F d'Oola. Éliminez les OolaBloquants. Concentrez-vous sur les OolaStimulants. Faites preuve de franchise par rapport à votre situation présente et préparez votre OolaRoue. Concevez un plan pour accéder à la vie de vos rêves grâce à votre OolaPlan. Passez à l'action et mettez à exécution votre plan tout en restant fidèle à votre OolaVoie.

N'essayez pas de suivre nos propres cheminements, mais suivez nos principes. N'oubliez pas que ce livre contient *nos* histoires et *nos* expériences. Le temps est maintenant venu d'écrire *votre* histoire.

Notre vœu le plus cher est que vos rêves les plus fous se réalisent. Nous espérons que nos chemins se croiseront un jour. De tout notre cœur, que Dieu bénisse votre noble quête. Soyez reconnaissant, ayez la foi… et lancez-vous à la poursuite de votre OolaVie.

****

☆ DES SUGGESTIONS DE BÉLIVEAU ÉDITEUR...

La force du focus

Comment atteindre vos objectifs personnels avec une absolue certitude

JACK CANFIELD, MARK VICTOR HANSEN ET LES HEWITT

978-2-89092-633-2

Les auteurs partagent leurs dernières astuces pour vous aider à prospérer dans tous les secteurs de votre vie. Ils vous présentent les stratégies de focus particulières utilisées par les hommes et les femmes les plus prospères de la terre.

Vous apprendrez comment focaliser sur ce que vous faites le mieux et lâcher prise sur le reste; comment survivre dans une économie turbulente; des stratégies financières éprouvées pour le monde actuel; des *Plans d'action* faciles à adopter.

Braver sa nature sauvage

La quête d'une véritable appartenance et le courage de se tenir debout

BRENÉ BROWN, PH.D., LMSW

978-2-89092-960-9
Epub: 978-2-89092-961-6

Voici **quatre pratiques de véritable appartenance** qui remettent en question tout ce que nous croyons sur nous-mêmes et sur les autres.

«La véritable appartenance nous demande de croire en nous et de nous appartenir à un point tel que nous pouvons trouver le sacré à la fois dans le fait de faire partie de quelque chose et en étant autonome, si nécessaire.

Mais dans une culture où sévissent le perfectionnisme, le désir de plaire et l'érosion de la civilité, il est facile de se cacher dans nos abris idéologiques, d'être conforme plutôt que de révéler notre moi véritable et braver le caractère sauvage de l'incertitude et de la critique. La **véritable appartenance,** c'est une pratique quotidienne qui exige intégrité et authenticité. C'est un engagement personnel que nous portons dans notre cœur», nous révèle l'auteure.

VISITEZ www.beliveauediteur.com

☆ Autres suggestions...

Guide du focus 7/7

978-2-89092-939-5
Epub: 978-2-89092-940-1

7 habitudes de vie à intégrer en 7 semaines pour rayonner la joie de vivre

EUDOXIE ADOPO, PH.D.

Pour réussir, prospérer, aimer, être en santé, heureux et en paix, il importe de mettre en place de saines habitudes, et ce, en conscience.

Pour augmenter vos chances de succès, vous êtes invités à vivre le processus dans la **J.O.I.E.**: *Jeu, Outils, Interactions, Expérimentation.* C'est avec la pratique et le temps que vous instaurerez une nouvelle habitude.

Le résultat du FOCUS 7/7 est d'augmenter votre énergie, votre paix intérieure, votre joie et votre liberté.

Une vie lumineuse

978-2-89793-011-0
Epub: 978-2-89793-025-7

Trois clés pour vivre sa meilleure vie

MARIE-PIERRE CHAUMONT

Vivre une vie en alignement avec son âme et avec ses désirs les plus chers n'a pas toujours besoin d'être une expérience compliquée et angoissante.

À travers une foule d'anecdotes, de trucs et d'exercices, l'auteure vous fera découvrir comment connaître votre plan de vie et les raisons pour lesquelles vous êtes ici sur terre; qui sont votre équipe divine chargée de vous accompagner; quelle est votre vibration maîtresse vous permettant de reconnecter avec votre essence; comment utiliser l'énergie pour créer concrètement **une vie que vous adorerez.**

Êtes-vous prêt à vivre une vie lumineuse, en parfaite harmonie avec votre âme et vos désirs? Ce livre vous montrera le chemin!

VISITEZ www.beliveauediteur.com

Achevé d'imprimer
sur les presses de
Imprimerie H.L.N.
Imprimé au Canada - Printed in Canada